NEW
CONCEPT
JAPANESE

柳川紘子・長田裕敬 공저 **프리토킹** Free-talking

신개념일본어

머리말

본 책은 1996년에 출판 된 『중급에서 즐기는 쉬운 프리토킹』의 개정판입니다. 10년 이상의 시간이 흘러, 기존의 책으로는 대응하지 못할 정도로 사회는 크게 변했습니다. 그리고, 인터넷의 보급과 일본과의 왕래가 쉬워져서, 일본에 흥미를 가진 사람이 늘고, 학습자의 관심도 일본에서 유행하고 있는 것이나 친근한 화제 등으로 변화하고 있습니다. 그런 변화에 대응하기 위해, 이번에 대폭 수정을 시도하였습니다.

이번 개정에 있어, 우선 학습자가 이야기 하기 쉬운 테마, 학습자가 흥미를 가질 수 있는 것은 무엇일까를 생각하고, 학습자에게 친숙한 테마, 일본에서 화제가 된 말을 많이 도입했습니다. 또한 프리토킹의 부분에서는 회화가 불가능한, 숙달 되지 않은 학습자가 많기 때문에, 문법(Grammar)과 페어워크(Pair Work)를 도입해, 표현 연습과 장면이나 상황에 맞는 회화연습을 할 수 있게 하였습니다.

또한 테마에 흥미를 가진 학습자를 위해 Data나 Task의 부분에 인용한 인터넷 주소를 표기해 두어, 학습자가 그곳에 접속하면 더 많은 일본어 자료를 볼 수 있도록 했습니다. 그리고 다양한 활동을 많이 도입해서, 학습자가 질리지 않고 학습을 계속하고, 즐길 수 있도록 궁리하였습니다.

과 전체가 다양한 항목으로 나누어져 있고, 정보가 아주 많은 것은 아닙니다만, 일본사정의 이해와 회화능력의 향상을 위해, 각각 활용 할 수 있으면 좋겠습니다. 그리고, 본 교재도 시간이 흐르면, 언젠가는 낡은 정보가 되어 버립니다. 선생님 여러분께서 새로운 정보를 도입해서, 학습자 여러분도 적극적으로 흥미를 갖고 학습할 수 있으면 좋겠습니다.

마지막으로 이 책을 만드는데 있어, 시사일본어사 여러분께 많은 신세를 졌습니다. 깊은 감사의 말씀을 드립니다.

저자

이 책의 특징

본 책은 중급 레벨의 학습자를 위해 만들어진 프리토킹 입문 교재입니다. 프리토킹에 익숙해지도록 테마는 가능한 한 친근한 화제를 골라 작성했습니다. 프리토킹 뿐만 아니라, 상황에 따른 회화연습도 있어, 바로 사용할 수 있는 회화를 배울 수 있습니다.

그리고, 이 책을 통해, 일본인과 대화할 때에 필요한 기본적 지식(문화나 사상)이나 변화하는 일본사회의 다양함까지 이해할 수 있는 것을 목표로 하고 있습니다.

【전체 구성】

본 책은 Part1 프리토크 20과, Part2 감각표현 4과, Part3 설명 4과, Part4 기획·의논 4과, Part5 회화 게임 2과로 총 34과로 구성되어 있습니다.

Part1에서는 친숙한 화제를 기본으로, 일본에 대한 정보를 얻고, 자신이 생활하고 있는 환경과의 차이나 체험담, 생각을 서로 이야기합니다. Part2에서는 미각, 후각, 청각, 촉각 등의 감각을 일본어로 어떻게 표현할지, 일본인과의 감각의 차이에 대해 배웁니다.

그리고 설명이나 설득하는 능력을 향상시키기 위해 Part3에서는 상대에게 설명이나 소개를 하기 위한 스피치, Part4에서는 여행이나 책의 출판 등을 하기 위해 학습자끼리 이야기하면서, 기획을 한다는 내용으로 되어 있습니다. 그를 위해 Part1 부터 연속해서 수업을 진행해도 괜찮습니다만, Part1의 테마 1~20의 사이에 Part2~4를 넣어 커리큘럼을 엮는 것도 한 가지 방법입니다.

Part5 회화 게임, 각Part의 마지막에 있는 크로스워드는 수업 중 잠깐 쉬어가는 코너로서 일본어를 사용해서 즐기며 학습하는 것으로 이용할 수 있습니다.

【각과의 구성】

Part1~4에서의 각과는 본문, Words(단어), Data(데이터), Exercise(연습, Part2만), Relation(관련), Grammar(문법), Pair Work(페어워크)나 Task(과제)또는 Play(놀이), Free Talking(프리토킹)의 순서로 되어 있습니다.

먼저 본문을 읽기 전에, 오늘은 어떤 테마로 이야기 할 지 테마를 확인하고, Words에서 단어를 확인합니다. 그리고 본문을 읽고, 테마의 내용에 대해 이해합니다.

❶ Data

랭킹 형식으로 일본정보나 일본인의 생각을 알 수 있는 내용으로 되어 있습니다. 퀴즈와 같이 학습자에게 생각하게 하면 좋을 것입니다. 데이터가 어디에서 인용되었는지도 써 있기 때문에, 더 많이 학습하고 싶은 사람은 그것을 이용해서, 학습하는 것도 가능합니다.

❷ **Exercise**

(Part2만)감각표현을 배우기 위한 연습입니다.

❸ **Relation**

일본에서 자주 쓰이고 있는 표현, 화제가 된 표현을 도입해서, 테마에 대해 더 깊이 학습합니다.

❹ **Grammar**

정확함과 표현의 연습을 위해, 문법 코너를 도입했습니다. 일본어능력시험 2급에 나오는 문법, 초급문법을 중심으로 실었으므로, 복습용으로도 이용할 수 있습니다.

❺ **Pair Work**

장면이나 상황에 맞는 회화연습을 할 수 있습니다.

❻ **Task**

퀴즈나 체크, 소개나 설명 등 다양한 활동을 합니다.

❼ **Play**

노래나 일본의 놀이, 게임 등, 즐기면서 일본 문화나 일본어를 배웁니다.

❽ **Free Taking**

테마와 관련해, 자신의 생각이나 경험에 대해 이야기합니다. 이것이 과의 메인이므로, 시간을 들여, 이야기하고, 화제를 넓혀가 주십시오.

이 책을 기본으로 여러분의 아이디어를 첨가하면서, 즐겁게 일본어 학습을 할 수 있다면 기쁘겠습니다.

この本の特徴

　この本は中級レベルの学習者向けに作られたフリートーキングの入門教材です。フリートーキングに慣れるためにテーマはできるだけ身近な話題を選んで作成しました。フリートーキングだけでなく、場面における会話練習もあり、すぐに使える会話も学ぶことができます。

　そして、この本を通じて、日本人と対話するときに必要な基本的知識(文化や考え方)や変わりゆく日本社会の様子まで理解できることを目標としています。

【全体の構成】

　この本はPart1フリートーク20課、Part2感覚表現4課、Part3説明4課、Part4企画・話し合い4課、Part5会話ゲーム2課の計34課で構成されています。

　Part1では、身近な話題をもとに、日本についての情報を得て、自分が生活している環境との違いや体験談、考えを話し合います。Part2では、味覚、嗅覚、聴覚、触覚などの感覚を日本語でどのように表現するか、日本人との感覚の違いについて学びます。

　さらに説明や説得する能力を向上させるため、Part3では相手に説明や紹介をするためのスピーチ、Part4では旅行や本の出版などをするために学習者同士で話し合いながら、企画を立てるといった内容になっています。そのためPart1から連続して授業を進めてもかまいませんが、Part1のテーマ1~20の間にPart2~4を挟んでカリキュラムを組むことも一つの方法です。

　Part5会話ゲーム、各Partの最後にあるクロスワードは授業の息抜きとして、日本語を使って楽しむために利用できます。

【各課の構成】

　Part1~4での各課は本文、Words(単語)、Data(データ)、Exercise(練習,Part2のみ)、Relation(関連)、Grammar(文法)、Pair Work(ペアワーク)やTask(タスク)またはPlay(遊び)、Free Talking(フリートーキング)の順になっています。

　まず本文を読む前に、今日はどんなテーマで話すのかテーマの確認をし、Wordsで単語の確認をします。

　そして本文を読み、テーマの内容について理解します。

❶ Data

　ランキング形式で日本事情や日本人の考え方がわかるような内容になっています。クイズのよ

うに学習者に考えさせるとよいでしょう。データがどこから引用したかも書かれていますので、さらに学習したい人はそれを利用して、学習することもできます。

❷ Exercise

(Part2のみ)感覚表現を学ぶための練習です。

❸ Relation

日本でよく使われている表現、話題になった表現を取り上げ、さらにテーマについて理解を深めます。

❹ Grammar

正確さと表現の習得のために、文法のコーナーを設けました。日本語能力試験2級に出てくる文法、初級文法を中心に載せてあり、復習用として利用できます。

❺ Pair Work

場面や状況に応じた会話練習ができます。

❻ Task

クイズやチェック、紹介や説明など、さまざまな活動をします。

❼ Play

歌や日本の遊び、ゲームなど、遊びながら、日本の文化や日本語を学びます。

❽ Free Taking

テーマに関して、自分の考えや経験について話します。ここが課のメインですので、時間をかけて、話し合い、話題を広げてください。

この本をもとにみなさんのアイディアを加えながら、楽しい日本語学習ができれば、幸いです。

Contents

머리말

이 책의 특징

Part 1 フリートーク

Theme 01	ケータイ 휴대전화	11
Theme 02	サービス 서비스	15
Theme 03	友達 친구	19
Theme 04	学生時代 학창시절	23
Theme 05	一人暮らし 독신생활	27
Theme 06	食と健康 음식과 건강	31
Theme 07	ショッピング 쇼핑	35
Theme 08	学習 학습	39
Theme 09	一言 한마디	43
Theme 10	季節感 계절감	47
Theme 11	血液型と性格 혈액형과 성격	51
Theme 12	相性 궁합	55
Theme 13	デートコース 데이트 코스	59
Theme 14	インターネット 인터넷	63
Theme 15	エコライフ 에코 라이프	67
Theme 16	働くということ 일을 한다는 것	71
Theme 17	こだわり (자신 만의)궁리·비법·방법	75
Theme 18	結婚 결혼	79
Theme 19	潔癖性 결벽증	83
Theme 20	子どもの頃 어릴 적	87

クロスワードパズル01　　　　91

Contents

Part 2 感覚表現

Theme 21	味覚 미각	93
Theme 22	におい 냄새	97
Theme 23	音 소리	101
Theme 24	手触り 감촉	105
クロスワードパズル02		109

Part 3 説明

Theme 25	ベストセラー 베스트셀러	111
Theme 26	映画 영화	115
Theme 27	ニュース 뉴스	119
Theme 28	スピーチ 스피치	123
クロスワードパズル03		127

Part 4 企画・話し合い

Theme 29	旅行企画 여행기획	129
Theme 30	本・雑誌の出版 책・잡지 출판	133
Theme 31	広告・ポスター企画 광고・포스터 기획	137
Theme 32	電気製品のセールス 전자제품 세일즈	141
クロスワードパズル04		145

Part 5 会話ゲーム

Theme 33	クイズゲーム 퀴즈 게임	147
Theme 34	カルタとりゲーム 카드 집기 게임	151
クロスワードパズル解答		154
引用資料一覧		155

Part 1

フリートーク

日本の生活や文化を理解しながら、
テーマにしたがって会話をします。

ケータイ 휴대전화

どんな携帯電話を持っていますか？

　日本で「携帯電話」と呼ばれる電話が初めて誕生したのは1987年です。その後、インターネットが使えるケータイ、テレビ電話、財布やチケットの代わりになるケータイ、「着うた」という音楽が楽しめるケータイ。そして最近は、テレビ放送が見られる「ワンセグ」ケータイも発売されるようになりました。
　どんどん進化していく携帯電話。これからどのような携帯電話が出てくるか楽しみな反面、携帯電話のマナーが問題になっています。いろいろな面から、携帯電話について考えてみましょう。

01 ケータイ

Words
- □ 着うた（ちゃく）
- □ 着信音（ちゃくしんおん）
- □ 着信拒否（ちゃくしんきょひ）
- □ 待ち受け(画面)（まうがめん）
- □ ワンセグ
- □ メールのやりとり
- □ 電磁波（でんじは）
- □ あふれる
- □ マナーモード
- □ 混み合う（こあ）
- □ 密着（みっちゃく）
- □ 迷惑メール（めいわく）

Data

携帯電話を使うべきでない場所はどこ？

1位　_____

2位　会議室、教室など

3位　混み合った電車やバスの中

4位　新幹線の座席

5位　_____

6位　_____

出典：「『郵政研究所月報』2000年3月」

Relation

どのくらい知っていますか？　携帯用語

　生活に密着している携帯電話。そのためか携帯電話に関する用語がたくさんあふれています。皆（みな）さんはどのくらい携帯電話の言葉を知っていますか。

・着メロ　・着うた　・写メ　・メル友　・デコメ

UNIT 01

Grammar

1　名詞＋のかわりに（〜の代用、〜の代理として）

例＿ A先生が日本に帰国しているので、A先生のかわりに、B先生が授業をしてくれた。

1　時間がないときは、ご飯のかわりに、＿＿＿＿＿＿＿＿を食べる。

2　私には両親がいないので、両親のかわりに、＿＿＿＿＿＿＿＿が入学式に来てくれた。

2　普通体＋反面（〜と反対に）

例＿ 携帯電話は便利な反面、電磁波を出すので体に悪い影響を与えている。

1　この会社は早く終わる反面、＿＿＿＿＿＿＿＿＿＿＿＿＿＿。

2　100円ショップの商品は安い反面、＿＿＿＿＿＿＿＿＿＿＿＿＿＿。

Pair Work

携帯電話を使って友達と遊ぶ約束を決めよう。

A　もしもし。(名前)？　今、電話大丈夫？

B　うん、大丈夫だよ。どうしたの？

A　(自由に話して、二人で遊ぶ約束を決めてください)

Free Talking

1. 今持っている携帯電話の特徴（便利な機能、デザインなど）を話してください。
またどうしてその携帯を買ったのか話してください。

2. 携帯電話を新しく買うとしたら、どんな機能がある携帯を買いますか。

3. 将来、どんな携帯電話が開発されると思いますか。
またどんな機能をつけてほしいですか。

4. いつも携帯電話をどのように利用していますか。
（1日の通話時間は？ 何通メールのやりとりをするか？ など）

5. 携帯電話のマナーでどんなことが気になりますか。

6. 携帯電話を使うとき、どんなことに気をつけていますか。

7. 携帯電話の便利な点と問題点について話し合ってみましょう。

Dataの正解

1位：劇場、映画館、ホールなど　　5位：職場で勤務中　　6位：レストランの店内

サービス 서비스

接客、サービスについて話しましょう。

　「お客様は神様です」という言葉があるように、日本のデパート、飲食店、美容院などの店員から過剰なほどの応対をされることが少なくないでしょう。でも、にこにこの笑顔で店員からおしぼりを手渡されると、うれしいもの。他にも誕生日のサービス、割引サービス、プレゼントなどサービス業はお客さんの確保に力を入れています。

　みなさんはどんなサービスがうれしいですか。

02 サービス

Words
- 過剰(かじょう)
- 応対(おうたい)
- にこにこ
- おしぼり
- ～業(ぎょう)
- 力を入れる(ちからをいれる)
- コンシェルジュ
- ニーズ
- 応える(こたえる)
- 謝る(あやまる)
- 抜く(ぬく)
- 過剰包装(かじょうほうそう)
- 街頭(がいとう)
- 配る(くばる)
- レジ袋(ぶくろ)
- 迷惑(めいわく)

Data

ホテルの利用客に聞きました。「部屋から電話で頼むサービスは？」

1位　ルームサービス
2位　＿＿＿＿＿＿＿＿＿＿
3位　＿＿＿＿＿＿＿＿＿＿
4位　＿＿＿＿＿＿＿＿＿＿
5位　ビデオ
6位　車の手配

Relation

利用したことがありますか？　コンシェルジュ

　コンシェルジュ(Concierge)は、もともとフランス語で「建物の管理人(かんりにん)」という意味ですが、最近は「ホテルの宿泊客(しゅくはくきゃく)のニーズに応(こた)える係(かかり)」という意味で使われています。ホテルだけでなく、デパート、駅でも活躍(かつやく)しています。

Grammar

1 動詞辞書形ない形・イ形容詞い＋ほど(〜くらい)
ナ形容詞な・名詞

例_ あの番組は涙が出るほどおもしろい。

1 今朝の気温は－20度で、＿＿＿＿＿＿ほど寒かった。

2 私も友達をなくしたことがあるので、彼女の気持ちが＿＿＿＿＿ほどわかる。

3 言いたいことが＿＿＿＿＿＿ほどあったが、我慢した。

Task

日本で接客の仕事ができるか、チェックしてみましょう。

あなたはレストランの店員です。こんなとき、お客様に何と言いますか。

問題1	お客様がいらっしゃいました。 何とあいさつをしますか。	A こんにちは B いらっしゃいませ
問題2	席に案内するまで時間がかかりそうです。 お客様に何と言いますか。	A 少々お待ちください B 少しお待たせいたします
問題3	お客様が怒っています。 何と謝ればいいですか。	A 申し訳ございません B 恐れ入ります
問題4	店の中は「禁煙席」と「喫煙席」に分かれています。 お客様に何と聞きますか。	A 失礼ですが、お客様はタバコをお吸いになりますか B 恐れ入りますが、お客様はタバコをお吸いになりますか
問題5	注文のとき、わさびを抜くように言われました。 お客様に何と答えればいいですか。	A 了解しました B かしこまりました
問題6	「店長の山田クン、呼んでくれる？」とお客様がおっしゃっていますが、店長は外出中。 何と答えますか。	A 店長の山田は、あいにく外出しております B 山田店長は、あいにく外出しております
問題7	お客様が帰るとき、「ありがとうございました」の後に何と言いますか。	A またいらっしゃいませ B またお越しくださいませ

正解が　6〜7個の人…日本で接客の仕事にチャレンジしましょう！！
　　　　3〜5個の人…まあまあです。敬語の復習をしましょう。
　　　　1〜2個の人…危ないですね…。敬語の勉強を始めましょう。
　　　　0個の人…日本のレストランへ行って、勉強しましょう。

UNIT 02 サービス　17

UNIT 02

Free Talking

1. サービスでどんなものをもらったことがありますか。

2. 店員から受けたサービスでうれしかったことは何ですか。

3. 店員の応対で気分が悪かったことは何ですか。

4. 店員の苦労といったらどんなことがありますか。

5. 次のサービスは必要ですか。
   ① デパートの過剰包装
   ② 街頭でティッシュを配る人
   ③ デパートの食品売り場の試食
   ④ 化粧品売り場のメイクサービス
   ⑤ コンビニのレジ袋

6. 迷惑なサービスとはどんなサービスですか。

正解

Data's answer
2位：モーニングコール　　3位：マッサージ　　4位：クリーニング
Task's answer
問題1：B　問題2：A　問題3：A　問題4：B　問題5：B　問題6：A　問題7：B

友達(ともだち) 친구

大切(たいせつ)な友達がいますか？

「困ったときこそ、本当の友がわかる。」などといいますが、お互(たが)いに深(ふか)く信(しん)じあえる友達がいれば本当に幸(しあわ)せだといえるでしょう。ある調査(ちょうさ)によれば、親に相談できないことも友達には相談できると答える人がとても多いということです。

　あなたはどんなことを相談しますか。

03 友達

Words
- 信頼（しんらい）
- 断然（だんぜん）
- 仲直り（なかなお）
- 打ち明ける（う あ）
- 馬が合う（うま あ）
- 芸能人（げいのうじん）
- 著名人（ちょめいじん）
- 人柄（ひとがら）
- ケンカ
- 話に花が咲く（はな はな さ）

Data

どんな人と友達になりたい？

- 1位　信頼できる
- 2位　馬が合う
- 3位　＿＿＿＿＿＿＿＿＿＿＿＿
- 4位　人柄がいい
- 5位　趣味が合う
- 6位　＿＿＿＿＿＿＿＿＿＿が同じ
- 7位　＿＿＿＿＿＿＿＿＿＿＿
- 8位　飲み友達

Relation

女の友情（ゆうじょう）は難しい？

18〜25歳の女性に対するアンケート調査によると、恋人ができると付き合いが悪くなるというのが断然トップ。恋と友情、あなたはどちらが大事ですか？

Grammar

1　名詞＋こそ（〜がとても大切・強調）

例1_　今年こそ、日本語能力試験1級に合格しよう。

例2_　彼こそ、このクラスのリーダーだ。

1　昨日は試合に負けたが、今日こそ、絶対に＿＿＿＿＿＿＿＿＿＿＿＿。

2　今年こそ、＿＿＿＿＿＿＿＿＿＿たい。

2　（〜によれば、）普通体＋ということだ（〜と聞いている）

例_　雑誌によれば、あのカップルは別れたということだ。

1　芸能人の＿＿＿＿＿＿＿は＿＿＿＿＿＿＿ということだ。

2　＿＿＿＿＿＿＿によると、＿＿＿＿＿＿＿ということだ。

Task

どんな友達に感謝をしていますか。友達を一人紹介しましょう。

私は友達の＿＿＿＿＿＿＿さんに＿＿＿＿＿＿＿てもらって、とても感謝しています。

その友達は…

UNIT 03

Free Talking

1. 友達の中で一番親しいのは、いつどこで出会った友達ですか。

2. 親友はどんなタイプの人ですか。

3. 友達とケンカをしたことがありますか。
ケンカをした時、どうしてケンカをしましたか。どうやって仲直りしましたか。

4. 学生時代の友達と今でも連絡を取っていますか。

5. 今はどこにいるかわからなくて、連絡がとれないけれど、もう一度会いたいと思う人は誰ですか。

6. 芸能人や著名人の中で友達になれたらいいなと思う人は誰ですか。

7. 「話に花が咲く」と言いますが、友達と何について話すのが好きですか。

Dataの正解

3位：何でも打ち明けられる　　6位：価値観　　7位：本気のケンカができる

学生時代 <small>학창시절</small>
(がくせいじだい)

学生時代、学校生活について話しましょう。

　学生時代、思春期で悩んでは、失敗し、苦しんだ経験が誰にでもあるでしょう。また、恋愛や学校行事で楽しい思い出もいっぱいあるでしょう。
　学生時代、学生生活で起きた出来事について話しましょう。

04 学生時代

Words
- 思春期（ししゅんき）
- 悩む（なやむ）
- 失敗（しっぱい）
- 苦しむ（くるしむ）
- 学校行事（がっこうぎょうじ）
- 出来事（できごと）
- 校則（こうそく）
- 着用（ちゃくよう）
- 丸刈り（まるがり）
- ルーズソックス
- 髪をしばる（かみをしばる）
- 肩につく（かたにつく）
- カラーリング
- 怠ける（なまける）
- 罰を受ける（ばつをうける）
- 印象に残る（いんしょうにのこる）

Data

やっておけばよかったことは何ですか。

1位　勉強

2位　_____

3位　_____

4位　資格取得

5位　_____

6位　音楽

出典：オリコンランキング http://beauty.oricon.co.jp/diet/news/h00014.html

Relation

日本の変な校則（へん）

次の校則についてどう思いますか。どうしてこのような校則があると思いますか。

- 男女交際禁止（こうさいきんし）
- 自転車通学者はヘルメット着用（つうがくしゃ）
- 男子は丸刈り、女子は髪をしばるか、肩につかない程度（ていど）
- ルーズソックス、ピアス、パーマ、カラーリング禁止

Grammar

1 動詞・て形＋は動詞₂（時間をおいてくりかえされる動作）

例_ 問題を解いては考えるので、なかなか進まない。

1 ダイエットしようと思っても、友達と会っては＿＿＿＿＿＿＿＿ので、やせられない。

2 今、休職中なので、起きては＿＿＿＿＿＿＿＿て、食事をしては＿＿＿＿＿＿＿＿という怠けた生活をしている。

Pair Work

こわ〜い先生にいろいろお願いをしてみましょう。

例_ 日本から友達が来るので休みたい。

学生　明日日本から友達が来るので、休ませていただきたいんですが…

先生　なんでそんな理由で休むんだ！

学生　誰も空港に迎えに行く人がいないので…

先生　他の人に頼めないのか！

学生　…

★ 例を参考に会話練習をしてみましょう。

Free Talking

1. 小学校、中学校、高校時代、どのように過ごしましたか。

2. 学校にどんな校則がありましたか。

3. 先生に怒られた経験、罰を受けた経験がありますか。

4. 印象に残っている先生を紹介してください。

5. 学校行事で一番楽しかったことを教えてください。

6. 学生時代にした一番悪いことを教えてください。

7. 学生時代、どんな恋愛をしましたか。

8. もう一度その頃に戻ることができたら、何をしたいですか。

Dataの正解

2位：告白・恋愛　　3位：スポーツ　　5位：英語

一人暮(ひとりぐ)らし 독신생활

一人暮らしをすることになったら…

　大学に入ることになったり、就職(しゅうしょく)が決まったりと一人暮らしをするきっかけができて、やっと一人で生活できると思う人もいれば、掃除、洗濯、料理と家事(かじ)をするのが面倒(めんどう)で、実家暮らしのほうがいいと思う人もいます。

　しかし、実家暮らしで甘えていると、いつかはパラサイトシングルになって、周(まわ)りから冷たい目で見られてしまうかもしれません。

　みなさんは、どちらの暮らし方がいいですか。

05 一人暮らし

Words
- □ 一人暮らし（ひとりぐらし）
- □ きっかけ
- □ 実家暮らし（じっかぐらし）
- □ 甘える（あまえる）
- □ パラサイトシングル
- □ 家賃（やちん）
- □ 築（ちく）
- □ 〜畳（じょう）
- □ 寄生虫（きせいちゅう）
- □ 同居（どうきょ）
- □ 依存（いぞん）
- □ 未婚者（みこんしゃ）
- □ 晩婚化（ばんこんか）
- □ 現象（げんしょう）
- □ 間取り図（まどりず）

Data 平均的な一人暮らし

Q　どのくらいだと思いますか。

家賃：月＿＿＿＿万円〜＿＿＿＿万円（東京平均）

ワンルームの広さ：＿＿＿＿㎡〜＿＿＿＿㎡

≪東京の月7万8000円のアパート≫
駅から徒歩12分、築10年 21㎡（K3畳、洋6畳）

Relation

パラサイトシングルって何？

　パラサイトは寄生虫、シングルは独身（どくしん）という意味ですが、一体（いったい）この言葉はどんな意味なのでしょうか。パラサイトシングルとは、社会人（しゃかいじん）になっても、親と同居し、依存している未婚者のことだそうです。昔は学校を卒業したら、親と離（はな）れて自立（じりつ）し、結婚するのが当（あ）たり前（まえ）でしたが、晩婚化が進（すす）み、親から離（はな）れられない人が増（ふ）えています。みなさんはこの現象をどう思いますか。

28

Grammar

1 （人・動物）もいれば、（人・動物）もいる（いろいろな人がいる）

例 このクラスには、きれいな人もいれば、かっこいい人もいる。

1 電車の中には、＿＿＿＿＿＿もいれば、＿＿＿＿＿＿もいる。

2 あの動物園は珍しい動物がたくさんいる。

　＿＿＿＿＿＿もいれば、＿＿＿＿＿＿もいる。

3 今日は大学の合格発表があった。

　＿＿＿＿＿＿もいれば、＿＿＿＿＿＿もいる。

Task

どんな部屋に住んでみたいですか？ 間取り図を書いてみましょう！

<条件>
- 場所
- 交通の便(べん)
- 家賃
- 近くに何があるといい？
- 部屋に何が必要？
  （エアコン、コンロ、トイレなど）

<間取り図>

UNIT 05

Free Talking

1. みなさんは、一人暮らしですか。実家暮らしですか。
また、どちらのほうが楽ですか。

2. 一人暮らしをしている人は一人暮らしの長所と短所、実家暮らしをしている人は実家暮らしの長所と短所を話してください。

3. 一人暮らしに必要なものは何ですか。
(電気製品、これがないと生きていけないというものなど)

4. 一人暮らしの場合、食事はどうしますか。

5. 一人暮らしを始めるとき、一番大変なことは何だと思いますか。
(一人暮らしをしている人は、一番大変だったこと、トラブルなどを話してください。)

6. 部屋選びのポイントは何ですか。

Dataの正解

家賃： 6 万円～ 8 万円
ワンルームの広さ： 18 m²～ 24 m²

食(しょく)と健康(けんこう) 음식과 건강

健康について考えよう

　長寿国である日本。若い女性はダイエット、中年世代は更年期障害、生活習慣病に関心を持つ人が多く、テレビの健康番組(けんこうばんぐみ)が人気というように、最近では健康に敏感(びんかん)な人が多いようです。しかし、過剰(かじょう)な運動や間違(まちが)った食事のとり方で、健康を害(がい)することもあります。
　みなさんは食事と健康に気をつけていますか。

06 食と健康

Words
- 長寿（ちょうじゅ）
- 更年期障害（こうねんきしょうがい）
- 生活習慣病（せいかつしゅうかんびょう）
- 敏感（びんかん）
- 害する（がいする）
- 寒天（かんてん）
- 過食（かしょく）
- 内臓（ないぞう）
- イライラ
- むくむ
- 肌荒れ（はだあれ）
- 便秘（べんぴ）
- 下痢（げり）
- 詰め物（つめもの）
- スタミナがつく

Data

女性に聞きました。あなたのダイエット法は？

1位　＿＿＿＿＿＿＿＿＿＿＿＿＿

2位　お菓子を食べない

3位　＿＿＿＿＿＿＿＿＿＿＿＿＿

4位　家で筋肉トレーニング

5位　＿＿＿＿＿＿＿＿＿＿＿＿＿

6位　寒天・コンニャク

出典：お客様生活文化研究所
http://www.asahibeer.co.jp/enjoy/hapiken/maian/bn/200604/00130.html

Relation

メタボリック・シンドロームって？

　メタボリック・シンドロームとは、過食や運動不足から内臓に脂肪（しぼう）がたまって、生活習慣病をいくつも起（お）こしやすくなった状態（じょうたい）をいいます。そして、男性でウエストが85cm以上、女性で90cm以上の場合、その危険性（きけんせい）があります。みなさんは大丈夫ですか。

Grammar

1　普通体＋ことから（理由・原因）

例＿ 彼女は日本語が上手なことから、通訳として選ばれた。

1　現場にネクタイピンが落ちていることから、犯人は＿＿＿＿＿＿。

2　＿＿＿＿＿＿＿＿＿＿＿＿＿＿＿ことから、彼は外国人だろう。

3　この街は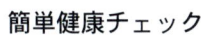ことから、韓国料理の店が多い。

Task

簡単健康チェック

まず、下の10個の質問にあてはまるものを数えてみましょう！

	チェック項目	はい
1	ちょっとのことで疲れやすい	
2	すぐにイライラしてしまう	
3	むくみやすい	
4	肌荒れ気味である	
5	便秘・下痢がちだ	
6	ストレスが多い生活だ	
7	タバコを吸う、またはまわりに吸う人がいる	
8	スナック菓子をよく食べる	
9	ジュースをよく飲む	
10	歯に金属の詰め物がある	

4つ以上の人…要注意！です。今すぐ、健康のために何か始めましょう。
3つ以下の人…今の状態をキープしてください。

参考：超簡単！デトックス10秒チェック http://biyolabo.com/dtx/acv/000185.html

UNIT 06

Free Talking

1　バランスのとれた食事をしていますか。

2　外食(がいしょく)することが多いですか。その場合、何をよく注文しますか。

3　健康にいい食品、スタミナがつく食事には何がありますか。

4　最近、体の調子(ちょうし)はどうですか。(睡眠(すいみん)時間は十分？　ストレスは？)

5　定期的(ていきてき)に運動をしていますか。その場合、どんな運動をしていますか。

6　今、ダイエットをしていますか。その場合、どんなダイエットをしていますか。

7　健康のために気をつかっていることは何ですか。
　　健康法、健康グッズなどを知っていたら、教えてください。

Dataの正解

1位：ウォーキング　　3位：体重計(たいじゅうけい)・体脂肪計(たいしぼうけい)にのる　　5位：ダイエット茶

ショッピング 쇼핑

最近のショッピング事情(じじょう)

　みなさんはどこでよく買い物をしますか。コンビニ？ スーパー？ それとも通販？ インターネット？ 最近、買い物の方法、スタイルが変わってきています。それとともにトラブルが心配ですが、それよりも便利さが先立っているようです。
　どのような買い物の方法があるかいろいろ話してみましょう。

07 ショッピング

Words
- 通販(通信販売)
- トラブル
- 先立つ
- クレームをつける
- 取り替える
- 誠に
- ネットショッピング
- ネットオークション
- テレビショッピング
- フリーマーケット
- アウトレット
- バーゲン

Data

100円ショップの人気商品は？

1位　文房具

2位　_____

3位　_____

4位　プラスチック製品（容器、小物入れなど）

5位　_____

6位　かご

参考：ネットリサーチ http://www.dims.ne.jp/rankingresearch/1_50/004/005.html

Relation

コンビニ

　日本では流行の発信地となっているコンビニ。コンビニに行けば、お菓子や飲み物などの新商品にいつでも出会えます。そして、最近では子育て支援のコンビニ、電子マネーの利用など、どんどん進化しています。日本に行ったら、ぜひコンビニへ行ってみましょう。

Grammar

1 動詞・辞書形、イ形容詞い＋とともに（〜と同時に）
ナ形容詞である、名詞

例＿ 彼女は大学を卒業するとともに、結婚した。

1 田中医師は、病院で働くとともに、＿＿＿＿＿＿＿＿＿＿＿＿＿＿＿＿＿＿。
2 軍隊（ぐんたい）での生活は苦しいとともに、＿＿＿＿＿＿＿＿＿＿＿＿＿＿＿＿＿＿。
3 この商品は安いとともに、＿＿＿＿＿＿＿＿＿＿＿＿＿＿＿＿＿＿＿＿＿＿。

Pair Work

クレームをつける

例＿ インターネットで買った皿が割れていた。

お客　注文したお皿が割（わ）れていたんですけど、**どういうことですか。**
　　　（説明を求（もと）める）

店員　大（もう）変申し訳（わけ）ございません。

お客　ちゃんと送ってくれないと困（こま）るじゃないですか。（強く言う）

店員　すぐにお取り替えいたします。誠（まこと）に申し訳ございませんでした。

★ 他にどんなクレームがありますか。お客と店員になって話してみましょう。

UNIT 07

Free Talking

1. いつもどこでどんなものを買いますか。理由も教えてください。

2. コンビニで何を買いますか。どのように利用しますか。

3. ネットショッピング、ネットオークションなどインターネットを利用して、買い物をしたことがありますか。したことがある人は、何を買いましたか。

4. テレビショッピングを利用したことがありますか。
利用したことがない人は、買ってみたい商品がありますか。

5. インターネットやテレビを利用した買い物の長所と短所は何ですか。

6. いい物を安く買うためにどのように買い物をしていますか。
(例えば、フリーマーケット、アウトレット、バーゲン…)

7. 買い物で失敗したこと、困ったことはありますか。

Dataの正解

2位:電池　　3位:お菓子　　5位:ファイル

学習 학습
がく しゅう

勉強してみたいことがありますか？

　社会が能力を重要視する時代であり、実力がなければ就職はもちろん、結婚も困難な現代。

　遊びもパソコンが使われるようになり、機械音痴では世の中の流れに取り残されてしまいます。とにかく多方面にわたる訓練が必要な時代になりました。

　落ちこぼれていく前に、一生懸命に勉強しましょう。

08 学習

Words
- ☐ 機械音痴(きかいおんち)
- ☐ 取り残される(とりのこされる)
- ☐ 落ちこぼれる(おちこぼれる)
- ☐ 講座(こうざ)
- ☐ 終身雇用(しゅうしんこよう)
- ☐ 年功序列(ねんこうじょれつ)
- ☐ 帰属意識(きぞくいしき)
- ☐ リストラ
- ☐ 大幅(おおはば)
- ☐ 人員削減(じんいんさくげん)
- ☐ 生き延びる(いきのびる)
- ☐ 自慢(じまん)
- ☐ スキル

Data

人気の講座は？

1位　医療事務(いりょうじむ)

2位　行政書士(ぎょうせいしょし)

3位　＿＿＿＿＿＿＿＿＿＿＿＿＿＿

4位　宅地建物取引主任者(たくちたてものとりひきしゅにんしゃ)

5位　ファイナンシャルプランナー

出典：ユーキャンサイト 人気の講座トップ30 http://www.u-can.co.jp/special/200707.html

Relation

能力主義(のうりょくしゅぎ)の時代(じだい)へ

　ちょっと前の日本の会社は終身雇用、年功序列で社員の生活を保障。会社への帰属意識が強まり、会社が発展してきたのですが、今はどの企業でもリストラが推進され、大幅な人員削減が行われています。能力がなければ生き延びられない時代になってきています。

UNIT 08

Grammar

1　Aはもちろん、Bも〜（Aはもちろんのこと、他のものも〜）

例＿ 彼は英語はもちろん、日本語も上手だ。

1　お母さんは_____はもちろん、_____もしなければいけない。

2　来週のパーティは_____はもちろん、_____もあるそうだ。

2　Nにわたって（N1にわたるN2）（時間、場所の範囲が広い）

例＿ この研究は10年にわたって、続けられた。

1　手術は_____（時間）にわたって、行われた。

2　首相は中国から_____（場所）にわたって、訪問した。

Task

漢字クイズ

1. 漢字の計算
   ① 口 ＋ 玉 ＝ ?
   ② 可 ＋ 可 ＋ 欠 ＝ ?
   ③ 木 ＋ ツ ＋ 女 ＝ ?
   ④ ム ＋ 月 ＋ ヒ ＋ ヒ ＝ ?
   ⑤ 十 ＋ 日 ＋ 十 ＋ 月 ＝ ?

2. 次の漢字を何と読みますか。
   ① 西瓜　_____　ヒント：果物
   ② 秋桜　_____　ヒント：花
   ③ 大熊猫　_____　ヒント：動物
   ④ 海老　_____　ヒント：海にいます
   ⑤ 亜米利加　_____　ヒント：国

UNIT 08

Free Talking

1. もっと一生懸命に勉強しておけばよかったと思うものは何ですか。

2. 留学をしたことがありますか。
また留学経験をしたほうがいいと思いますか。

3. 勉強をするためには何が必要だと思いますか。
（時間？ お金…？）

4. 他の人に自慢できるスキルを持っていますか。

5. 今、自己開発のために何かしていますか。

6. これからの時代に必要な能力、スキルは何だと思いますか。

7. これから勉強してみたいことはありますか。

正解

Data's answers	3位：実用ボールペン字
Task's answers	1. ① 国　② 歌　③ 桜　④ 能　⑤ 朝 2. ① すいか　② コスモス　③ パンダ　④ えび　⑤ アメリカ

一言(ひとこと) 한마디

どんな一言がうれしいですか？

　あの一言がなかったら、私は今頃どうなっていたかわかりません…。あの一言に勇気づけられて私は立ち直ることができました…。たった一言がその人の人生を大きく変えてしまうこともあります。進路(しんろ)、就職(しゅうしょく)、結婚など誰もが通過(つうか)する問題もそうであるし、挫折して生きる希望(きぼう)すらなくなってしまったスポーツ選手が再び立ち直(なお)ることもあります。
　あなたにとって大切(たいせつ)な言葉は何ですか。

09 一言

Words
- 今頃(いまごろ)
- たった〜
- 励(はげ)ます
- 褒(ほ)める
- 勇気(ゆうき)づける
- 挫折(ざせつ)
- 落(お)ち込(こ)む
- ふられる
- 立(た)ち直(なお)る
- 旦那(だんな)さん
- セリフ
- スリ

Data

30代の主婦にアンケート
「美容院に行った夜、旦那さんになんと言われたらうれしいですか」

1位　_____

2位　髪形が変わったね。

3位　きれいになったね。

4位　_____

5位　美容院に行ったの？

6位　_____

7位　いつもと感じが違うね。

Relation

プロポーズ

　結婚を決める大事(だいじ)な言葉、プロポーズ。ロマンチックにプロポーズをして、結婚する人もいれば、「僕(ぼく)のご飯を一生(いっしょう)作ってくれ」なんて言って結婚できなかった人もいるかもしれません。みなさんは大丈夫ですか。

Grammar

1 名詞(で)+すら(でも)

例_ 先生すら書けない漢字なら、覚えなくてもいい。

1 子供すら、＿＿＿＿＿できるのに、どうしてあなたはできないの？

2 友達があまりにも元気がなさすぎて、＿＿＿＿＿＿言葉すらかけられなかった。

3 交通事故にあって、＿＿＿＿＿ことすらできなくなってしまった。

Pair Work

相手を励まそう！

例_ テストの点が悪くて落ち込んでいる友達を励ます。

A はぁ…こんな点じゃ、今学期の成績、心配だな…。

B でも一生懸命勉強したじゃない！ 次は大丈夫だよ。

A そうかな…。

B １回のテストぐらいで、落ち込まないでよ。

★ 例を参考に会話練習をしてみましょう。

UNIT 09

Free Talking

1. 勇気(ゆうき)づけられた言葉は何ですか。それは誰にいつ言われた言葉ですか。

2. 有名な人の言葉をみんなに紹介しましょう。

3. 映画やドラマの中で感動的だったセリフは何ですか。

4. 好きな人にどんなことを言われるとうれしいですか。

5. 何について褒められるとうれしいですか。

6. 近くにいる人に褒める言葉を言ってください。

7. 次のような場合、何と言って励ましますか。
   (【Pair Work】をしてからしてください。)
   ① 友達が大学受験に失敗したとき。
   ② 友達が好きな異性(いせい)に気持ちを告白(こくはく)してふられたとき。
   ③ 友達がサッカーの試合に負(ま)けたとき。
   ④ 友達がスリにお金を盗(ぬす)まれたとき。

Dataの正解

1位：似合(にあ)うね。　4位：若くなったね。　6位：素敵(すてき)だよ。

季節感 계절감

季節と伝統文化について話しましょう

　桜の花や新しい学生服を着た新入生を見れば、春を連想し、風鈴や浴衣を見れば夏、紅葉を見れば秋、雪を見れば…というように、四季がはっきりしている日本ではそれぞれの季節に風情を感じるものがあります。自然や食べ物、行事など様々なものがあり、生活は実に変化に富んでいます。
　みなさんの国にも季節感を感じさせるものがありますか。

10 季節感

Words

- 連想（れんそう）
- 風鈴（ふうりん）
- 浴衣（ゆかた）
- 紅葉（もみじ）
- 風情（ふぜい）
- 変化に富む（へんかにとむ）
- 旬（しゅん）
- ひなあられ
- ひしもち
- かしわもち
- ちまき
- 千歳あめ（ちとせあめ）
- 年越しそば（としこし）
- お節料理（せちりょうり）
- お雑煮（ぞうに）

Data

日本の旬の食材といえば…

春　＿＿＿＿＿＿＿＿＿＿＿＿＿＿＿＿＿

夏　はも、なす

秋　＿＿＿＿＿＿＿＿＿＿＿＿＿＿＿＿＿

冬　＿＿＿＿＿＿＿＿＿＿＿＿＿＿＿＿＿

出典：「食のプロに聞いた 日本の旬」アンケート 株式会社日清製粉グループ本社
http://www.nisshin.com/company/release/details/010918.html

Relation

季節感のある食べ物

　日本では野菜、果物、魚など一番おいしい時期を「旬（しゅん）」といいます。また季節によって食べるものが決まっています。日本ではいつどうして食べるか知っていますか。

春		夏	
3月	ひなあられ、ひしもち	7月	うなぎ
5月	かしわもち、ちまき	8月	すいか

秋		冬	
9月	月見だんご、秋刀魚（さんま）	12月	かぼちゃ、年越しそば（としこし）
10月	果物、新米（しんまい）	1月	お節料理（せちりょうり）、お雑煮（ぞうに）、おもち
11月	千歳あめ（ちとせ）	2月	豆まき

Grammar

1 Nといえば、〜（それに関係する代表的なもの）

> 例_ 韓国といえば、キムチだ。

1　日本といえば、＿＿＿＿＿＿＿＿＿＿＿＿＿＿＿＿＿＿＿。

2　キムタクといえば、＿＿＿＿＿＿＿＿＿＿＿＿＿＿＿＿＿。

3　＿＿＿＿＿＿といえば、＿＿＿＿＿＿＿＿＿＿＿＿＿＿。

Play

季節の歌　〜歌ってみましょう〜

『お正月（しょうがつ）』

もういくつ寝るとお正月…♪

『こいのぼり』

屋根（やね）より高いこいのぼり…♪

『たなばたさま』

ささの葉さらさら　のきばに揺（ゆ）れる…♪

『赤（あか）とんぼ』

夕焼（ゆうや）け小焼け〜の赤とんぼ…♪

UNIT 10

Free Talking

1. 春、夏、秋、冬という言葉に何を連想(れんそう)しますか。
   春(夏、秋、冬)といえば…

2. どの季節が好きですか。その理由を最低3つあげて説明してください。

3. どの季節が嫌いですか。その理由を最低3つあげて説明してください。

4. 季節に関する思い出(旅行、デートなど)を話しましょう。

5. 韓国では日本のように季節ごとに行事がありますか。(お盆(ぼん)やお正月など…)
   その時期にどんなことをしますか。何を食べますか。

6. 韓国では季節に合わせてどんなものを食べますか。(野菜、果物、魚など…)

Dataの正解

春:筍(たけのこ)　秋:松茸(まつたけ)　冬:大根(だいこん)

血液型と性格 혈액형과 성격

気になる血液型と性格の関係

　4つの血液型で性格を分けることなんてできない、科学的根拠がないなどと言われていても、血液型で性格を判断してしまうことがよくありませんか。この血液型による性格診断は、日本や韓国、中国などに広まっているようです。
　しかし、最近日本では、差別やいじめの原因になるため、血液型性格診断のテレビ番組に対して、視聴者からの抗議がありました。このように、信じすぎて悪い方向に行くのはよくないですが、みなさんは、血液型と性格との関係について、興味がありますか。

11 血液型と性格

Words
- 血液型
- 根拠
- 広まる
- 視聴者
- 真面目
- 几帳面
- 優柔不断
- 消極的
- 好奇心が旺盛
- 主観的
- 社交性
- 楽天的
- 当てはまる
- 面接官
- 相性
- 偏見

Data

日本人は何型が多い？

1位　_____型　約40％

2位　_____型　約30％

3位　_____型　約20％

4位　_____型　約10％

みなさんの国では何型が多いと言われていますか。

Relation

血液型性格診断によると…

A型は、真面目で几帳面、優柔不断で消極的な人。
B型は、好奇心が旺盛で行動的、主観的でマイペースな人。
O型は、社交性があり親しみやすく、楽天的な人。
AB型は、頭の回転も速く、二面性もある人。

みなさんは、当てはまりますか。

UNIT 11

Grammar

1 名詞＋によって・よる（それぞれ違う）

例_ 文化によって考え方が違う。

1 食材によって_____。

2 人によって_____。

2 名詞＋をもとに（〜を基準、基礎に）

例_ 地図をもとに歩いてみたが、目的地になかなか着かない。

1 テストの結果をもとに_____。

2 先生の話をもとに_____。

Pair Work

就職の面接で、面接官に自分の性格を聞かれたとき、何と答えますか。
面接官は、受験者にいろいろ質問してください。

面接官　では、ご自分の性格について教えてください。

受験者　私は…

面接官

受験者

UNIT 11　血液型と性格

UNIT 11

Free Talking

1. 自分の国でも血液型性格診断(しんだん)がありますか。
あるなら、血液型ごとのイメージを教えてください。

2. 【Relation】や1の血液型性格診断をもとに、クラスメイトの血液型を当(あ)ててみましょう。

3. 血液型性格診断と自分の性格は当たっていますか。
どんなところが当たっていますか。また、違うところがありますか。
クラスメイトとお互(たが)いに性格について話し合ってみましょう。

4. 友達や恋人の血液型を気にするほうですか。それは、どうしてですか。

5. 血液型によって相性があると思いますか。
あると思う人は、どんな血液型の人と相性がいいですか、また悪いですか。

6. 血液型によって、偏見を持ったり、偏見をもたれたりしたことがありますか。

7. どうして血液型診断を信じてしまうのでしょうか。

Dataの正解

1位：A型　　2位：O型　　3位：B型　　4位：AB型

相性 궁합
あい しょう

どんな人と気が合いますか？

　「犬猿の仲」などといいますが、生まれつき付き合いにくい人というのが誰でも一人か二人はいるものですね。そんな人と隣の席にでもなったりしたら、毎日憂うつな思いで過ごさなければなりません。あの態度、あの話し方、一つ一つが気に入らない。そんなことを考えている自分までが嫌になって、ああ自己嫌悪。みなさんはどのように人と付き合っていますか。

12 相性

Words
- 犬猿の仲
- 嫌になる
- 取り上げる
- 星占い
- 手相
- 生まれつき
- 自己嫌悪
- セクハラ
- 十二支
- 憂うつ
- おしゃべり
- 拭く
- おしどり夫婦
- 気に入らない
- ずうずうしい
- 乱れ
- 姓名判断

Data

女子大生に質問
「身の回りで、あまり話したくない人は誰ですか」

1位 _____

2位 _____

3位　バイト先の苦手な人

4位　近所のおしゃべりなおばさん

5位 _____

6位　ずうずうしい人

Relation

OLがお酒を飲みたくない相手は誰ですか。

　それは何といっても上司、セクハラが何かと取り上げられる今日、男性上司は気をつけましょう。おしぼりで顔を拭いたり、人前でシャツの乱れを直すのもよくないそうです。

Grammar

1 動詞・イ形容詞ナ・形容詞な・普通形＋ものだ
（一般的に〜だ・〜するのが当たり前だ）

例1 赤ちゃんは泣くものだ。

1 お金は_____ものだ。

2 人は_____ものだ。

3 先生は_____ものだ。

Task

星占い、十二支占いでお互いの相性を調べてみましょう。

何座ですか。　　　　　　　　　　　何年ですか。

星座	生まれた日
牡羊座（おひつじざ）	3月21日〜4月19日
牡牛座（おうしざ）	4月20日〜5月20日
双子座（ふたござ）	5月21日〜6月21日
蟹座（かにざ）	6月22日〜7月22日
獅子座（ししざ）	7月23日〜8月23日
乙女座（おとめざ）	8月24日〜9月23日
天秤座（てんびんざ）	9月24日〜10月22日
蠍座（さそりざ）	10月23日〜11月22日
射手座（いてざ）	11月23日〜12月24日
山羊座（やぎざ）	12月25日〜1月19日
水瓶座（みずがめざ）	1月20日〜2月18日
魚座（うおざ）	2月19日〜3月20日

十二支
子（ねずみ・鼠）ね
丑（うし・牛）うし
寅（とら・虎）とら
卯（うさぎ・兎）う
辰（たつ・竜）たつ
巳（へび・蛇）み
午（うま・馬）うま
未（ひつじ・羊）ひつじ
申（さる・猿）さる
酉（とり・鳥）とり
戌（いぬ・犬）いぬ
亥（いのしし・猪）い

UNIT 12

Free Talking

1. あなたはどんな人と気が合いますか。

2. 身(み)の回(まわ)りであまり話したくない人は誰ですか。

3. 結婚するなら、どんな人が自分に合うと思いますか。

4. 身の周りの人、または芸能人でおしどり夫婦と言われているカップルは誰ですか。

5. 身の回りの人、または芸能人で犬猿(けんえん)の仲と言われている人はいますか。

6. 相手との相性をどうやってチェックしますか。

7. 占いについて関心がありますか。（星占い、十二支、血液型、姓名判断、手相）

Dataの正解

1位：学校の先生　　2位：父親　　6位：不潔(ふけつ)な人

デートコース 데이트 코스

おすすめのデートコースはありますか？

初めてのデート。どんな服を着て？ 香水は何を？ プレゼントは何を？ ヘアスタイルもばっちりきめて待ち合わせの場所へ。
　この日のために雰囲気のいいレストラン、気の利いたジョーク、褒め言葉など、万全の準備を整えました。
　さあ、最高のデートコースに恋人を招待しましょう！

13 デートコース

Words
- 香水（こうすい）
- ばっちり
- ヘアスタイルをきめる
- 待ち合わせ（まちあわせ）
- 気の利く（きのきく）
- 褒め言葉（ほめことば）
- 万全（ばんぜん）
- 気を遣う（きをつかう）
- 言葉づかい（ことばづかい）
- しぐさ
- 見た目（みため）
- 中身（なかみ）
- 気を配る（きをくばる）
- 見栄を張る（みえをはる）
- 猫をかぶる（ねこをかぶる）

Data

若い女性に聞きました
「デートのときに一番気を遣うことは何ですか」

1位　＿＿＿＿＿＿＿＿＿＿＿＿

2位　＿＿＿＿＿＿＿＿＿＿＿＿

3位　＿＿＿＿＿＿＿＿＿＿＿＿

4位　言葉づかい

5位　しぐさ

Relation

人は見た目？中身？

　「人間は見た目じゃない。大切（たいせつ）なのは中身だ」とよく言いますが、自分を表現するのに、外見（がいけん）に気を配ることも大切だと考える人も多いようですね。しかし、自分をよく見せようとするあまり、見栄を張ったり、猫をかぶったりすると後で困ることになりますよ。

UNIT 13

Grammar

1. 動詞辞書形・動詞た形　　　　　＋あまり、悪い結果
    イ形容詞い・ナ形容詞な・名詞の
    （とても〜ので、悪い結果になった）

    例＿ 彼女はいろいろ考えすぎたあまり、彼のプロポーズを断（ことわ）ってしまった。

    1 先生は働きすぎたあまり、＿＿＿＿＿＿＿＿＿＿＿＿＿＿＿＿＿＿＿＿＿。

    2 彼はまじめなあまり、＿＿＿＿＿＿＿＿＿＿＿＿＿＿＿＿＿＿＿＿＿＿＿。

    3 問題は簡単だったのに、＿＿＿＿＿＿＿＿あまり、間違えてしまった。

Task

みなさんだったら、どのデートコースがいいですか。（東京編）

① テーマ：お台場（だいば）で夜景（やけい）

お台場で会う → 公園を散歩 → デックスで中華料理（ちゅうかりょうり）を食べる → フジテレビを見学 → 夜景のキレイなレストランでお酒を飲む

② テーマ：上野動物園（うえのどうぶつえん）とお弁当（べんとう）

上野で会う → 上野公園を散歩 → おなかがすいたらお弁当 → 上野動物園を見学 → アメ横（よこ）（市場）で買い物

③ テーマ：遊園地（ゆうえんち）と温泉（おんせん）

後楽園（こうらくえん）で会う → 東京ドームシティでジェットコースターなどに乗る → 食事 → 疲（つか）れたらラクーアの温泉でリラックス → お土産（みやげ）を買って帰（かえ）る

★ みなさんのおすすめのデートコースを教えてください。

UNIT 13

Free Talking

1. 初めてのデートで相手のどこをチェックしますか。

2. 初めてのデートの場所はどこがいいですか。

3. 食事は何がいいですか。どんな雰囲気(ふんいき)の店を選びますか。

4. 何回ぐらいのデートで恋人になりますか。

5. デートで恥(は)ずかしかったこと、失敗(しっぱい)したことがありますか。

6. 今までのデートで一番ロマンチックだったデートは、どんなデートでしたか。

7. デートのとき、こんな場合にはどうしますか？
   ① 相手が1時間以上遅刻(ちこく)をした。
   ② 財布(さいふ)もカードも忘(わす)れてしまった。
   ③ 遊園地に行ったら、「今、キスをしたカップルは入場料はいりません」と言われたとき。

Dataの正解

1位：話題(わだい)　2位：服装(ふくそう)　3位：髪型(かみがた)

インターネット 인터넷

インターネットと生活について話しましょう。

　海外に住む友達との連絡は、E-mailかチャット、IP電話。ネットショッピング、ネットオークション、ネットバンキングで、自由自在に買い物。このように、インターネットが普及するにつれて、生活が大きく変わり、より便利になりました。
　その反面、特定の相手を誹謗中傷する荒らし、ウィルスなどインターネットによる犯罪も増えています。よって、インターネットとどう付き合っていくかが、これからの時代に必要になっていくでしょう。みなさんはどう付き合っていますか。

14 インターネット

Words
- IP電話(でんわ)
- ネットショッピング
- ネットオークション
- ネットバンキング
- 自由自在(じゆうじざい)
- 特定(とくてい)
- 誹謗(ひぼう)
- 中傷(ちゅうしょう)
- 荒らし(あらし)
- ウィルス
- 閲覧(えつらん)
- 検索(けんさく)
- メル友(とも)
- ブログ
- 賢い(かしこい)

Data

インターネットでよく利用するサービスは？

1位　＿＿＿＿＿＿＿＿＿＿＿＿＿＿

2位　今日のニュースを閲覧する

3位　知らないことを情報検索する

4位　商品やサービスの情報収集

5位　＿＿＿＿＿＿＿＿＿＿＿＿＿＿

6位　チケットや旅行の予約

7位　＿＿＿＿＿＿＿＿＿＿＿＿＿＿

出典：お客様生活文化研究所
http://www.asahibeer.co.jp/enjoy/hapiken/maian/bn/200610/00158.html

Relation

mixiって何？

　日本ではmixiと呼(よ)ばれるインターネット上で会員同士(どうし)が交流(こうりゅう)できるサイトが人気です。2007年には会員数1000万人を超(こ)えました。mixiの特徴(とくちょう)は会員からの招待(しょうたい)がないと参加(さんか)できず、日記や個人情報の公開(こうかい)設定ができるところです。また趣味や興味のあるコミュニティに参加して、いろいろな情報を得(え)ることができます。みなさんも参加してみてはいかがですか。

Grammar

1 動詞辞書形＋につれて（一方が変わると一緒にもう一方も変わる）
名詞

例＿ 授業が進むにつれて、内容も難しくなる。

1 日本語が上手になるにつれて、＿＿＿＿＿＿＿＿＿＿＿＿＿＿＿＿＿＿。

2 夏が近づくにつれて、＿＿＿＿＿＿＿＿＿＿＿＿＿＿＿＿＿＿＿＿。

3 年をとるにつれて、＿＿＿＿＿＿＿＿＿＿＿＿＿＿＿＿＿＿＿＿＿。

Task

メル友になるために…メールで自己紹介…

例

> はじめまして★さつきです。
> 韓国のソウルに住んでいる大学生です。(＾＿＾;)
> 日本のドラマや映画が大好きで、日本語を勉強しています。
> 来年、日本に留学しようと思っています。
> ぜひメル友になってください。メール待っています。

＿＿＿＿＿＿＿＿＿＿＿＿＿＿＿＿＿＿＿＿＿＿＿＿＿＿＿＿

＿＿＿＿＿＿＿＿＿＿＿＿＿＿＿＿＿＿＿＿＿＿＿＿＿＿＿＿

＿＿＿＿＿＿＿＿＿＿＿＿＿＿＿＿＿＿＿＿＿＿＿＿＿＿＿＿

＿＿＿＿＿＿＿＿＿＿＿＿＿＿＿＿＿＿＿＿＿＿＿＿＿＿＿＿

UNIT 14

Free Talking

1. 1日にどのくらいインターネットを利用していますか。

2. インターネットでどんなことをよくしますか。

3. mixi、cyworldのようなコミュニティサイト、ブログを利用していますか。
利用している人は、どのように利用していますか。(例えば、日記を書く、写真を載せるなど)

4. インターネットの便利な点、長所は何ですか。

5. インターネットの問題点、犯罪などにどんなものがありますか。

6. インターネットを利用するとき、どんなことに気をつけていますか。

7. インターネットの賢い利用法を教えてください。(例えば、無料クーポンがもらえるなど)

8. これからインターネットでどんなことができるようになるといいですか。

Dataの正解

1位：電子メールの送受信　　5位：ネットショッピング　　7位：ネットバンキング

エコライフ 에코라이프

環境(かんきょう)について考えよう。

　今世界では地球温暖化問題が深刻化しています。異常気象も温暖化によるものといわれています。日本では温暖化の原因である二酸化炭素を削減(さくげん)するために、ハイブリッドカー、ソーラー発電、リサイクル商品などの開発が進(すす)んでいます。
　クールビズのように夏にスーツを着ないで、涼(すず)しい格好(かっこう)をするということは、私たちにできる環境保護活動かもしれません。
　あなたは環境のために何かしていますか。

15 エコライフ

Words
- 地球温暖化（ちきゅうおんだんか）
- 深刻化（しんこくか）
- 異常気象（いじょうきしょう）
- 二酸化炭素（にさんかたんそ）
- ハイブリッドカー
- ソーラー発電（はつでん）
- リサイクル
- クールビズ
- 格好（かっこう）
- 離す（はなす）
- 省エネ（しょう）
- 蛍光灯（けいこうとう）
- 廃油（はいゆ）
- 無駄づかい（むだ）

Data

環境のためにどんなことに気をつけていますか。

1位　_____

2位　水を出しっぱなしにしない。

3位　冷蔵庫は壁から離して置く。

4位　_____

5位　省エネの蛍光灯を使う。

6位　_____

出典：中部電力　環境意識アンケート

Relation

てんぷら油の廃油で走るバス？

　ハイブリッドカーが売れている一方で、てんぷら油の廃油で走る（はし）バスが東京にあるそうです。二酸化炭素の排出（はいしゅつ）を少なくし、しかも無料。このようなバスがもっと増える（ふ）といいですね。

Grammar

1　動詞・ます形＋っぱなし（〜たまま）

例_ 窓を開けっぱなしにしていたら、虫がたくさん入ってきた。

1　水を＿＿＿＿＿＿＿っぱなしにしないで、止めなさい。

2　昨日電気を＿＿＿＿＿＿＿っぱなしにして、寝てしまった。

2　普通形＋一方(で)、〜（対比）

例_ 彼は昼、会社で一生懸命働く一方、夜は大学院で研究をしている。

1　韓国は＿＿＿＿＿＿＿＿＿一方、＿＿＿＿＿＿＿＿＿。

2　夏は＿＿＿＿＿＿＿＿一方、冬は＿＿＿＿＿＿＿＿。

Task

絵を見て説明しましょう。

◆ ペットボトルの出し方

◆ 紙パックの出し方

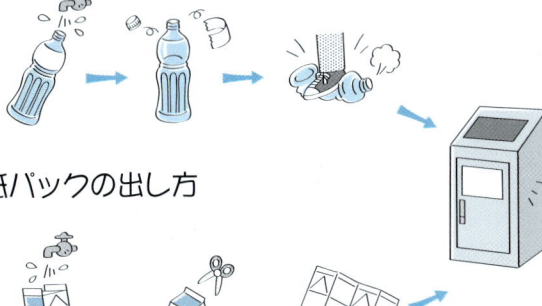

UNIT 15

Free Talking

1. 環境に悪いものといえば、どんなものがありますか。

2. 無駄づかいされているものといえば何がありますか。

3. あなたはどんなゴミをたくさん出していますか。

4. 街の中や周りに環境を守るための施設や設備がありますか。それはどんなものですか。

5. エコ商品、リサイクル商品といえば、どんなものがありますか。それらを使っていますか。

6. 会社や家で節約に気を使っていることは何ですか。

7. 環境を守るために何かしていますか。また、何をしたほうがいいと思いますか。

Dataの正解

1位：テレビを見ていないときは消す　　4位：温度設定に気をつける
6位：電気製品を使わないときはコンセントを抜く

働くということ

일을 한다는 것

働くことについて話しましょう。

　正社員、契約社員、派遣社員、フリーターなど働き方にはいろいろな形(かたち)があり、自分のキャリアやライフスタイルに合わせて、働くことができます。その一方で、ニートと呼ばれる働く気力のない若い人が増(ふ)えています。働くことは自分の生活を豊かにする上で大切(たいせつ)なことだと考えられますが、みなさんはどう思いますか。

16 働くということ

Words
- 正社員（せいしゃいん）
- 契約社員（けいやくしゃいん）
- 派遣社員（はけんしゃいん）
- フリーター
- キャリア
- ニート
- 豊か（ゆたか）
- 就活（就職活動）（しゅうかつ・しゅうしょくかつどう）
- ガイダンス
- 自己分析（じこぶんせき）
- 模擬（もぎ）
- 雇用（こよう）
- 給料（きゅうりょう）
- 待遇（たいぐう）
- リストラ

Data

大学生が選ぶ人気企業ランキング

1位　＿＿＿＿＿＿＿＿＿＿＿＿＿

2位　＿＿＿＿＿＿＿＿＿＿＿＿＿

3位　＿＿＿＿＿＿＿＿＿＿＿＿＿

4位　サントリー

5位　三菱東京UFJ銀行（みつびし）

6位　みずほファイナンスグループ

7位　日立製鉄所（ひたちせいてつじょ）

出典：日経ナビ2008 http://job.nikkei.co.jp/2008/contents/business/ninki/

Relation

就活って何？

　日本では大学3年生、4年生になると、ほとんどの人が就職活動（就活）を始めます。就活のガイダンスで必ず言われることは、自己分析をすること。つまり、自分がどんな人間かがわかって、人に説明できることが重要だと言います。

　みなさんはどのくらい自分のことがわかっていますか。

Grammar

1 動詞・辞書形、する動詞の名詞の＋上で（〜のに）

例_ 携帯地図は就活をする上で、便利です。

1 インターネットは＿＿＿＿＿＿＿＿＿上で、大切なものです。

2 この資料は会議をする上で、＿＿＿＿＿＿＿＿＿＿＿＿。

3 ＿＿＿＿＿＿＿＿＿＿は、外国語学習の上で、重要です。

Pair Work

模擬面接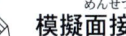

面接官と受験者になって模擬面接をしてみましょう。

	よくある面接の質問	チェック
1	あなたの自己PRをしてください。	
2	あなたの長所と短所を教えてください。	
3	どんな仕事をしたいですか。	
4	学生時代にどんなことをがんばりましたか。	
5	最近のニュースでどんなことに興味をお持ちですか。	
6	休みの日はどのように過ごしていますか。	
7	1ヶ月の長期休暇が与えられたら、どのように過ごしますか。	
8	（受験者に気になることを質問しましょう）	

≪結果≫

合格・不合格

理由は…

UNIT 16

Free Talking

1. 今までどんな仕事、アルバイトをしたことがありますか。

2. 仕事、アルバイトで大変だったこと、うれしかったことは何ですか。

3. これから(仕事をしている人は転職をする場合)どんな仕事をしたいですか。
条件も考えてください。(雇用スタイル、給料、待遇、場所など…)

4. リストラや給料など、働く上で、心配なことはありますか。

5. 正社員とフリーターの長所と短所は何ですか。

6. 企業で働くためにどんな能力が必要だと思いますか。

7. 就職、アルバイトをするために面接を受けたことがありますか。どんなことを聞かれましたか。

Dataの正解

1位：全日本空輸(ANA)　　2位：トヨタ自動車　　3位：松下電器産業

こだわり

(자신만의) 궁리・비법・방법

こだわりの一品(いっぴん)がありますか

　もともと「こだわる」、「こだわり」という言葉には、文句をつける、小さいことを気にするといった否定的な意味がありますが、最近は、特別(とくべつ)の思い入れがある、妥協せずに追求するといった肯定的な意味も持っているそうです。

　例えば、「こだわりのしょうゆで刺身を食べる」、「羽毛100％で気持ちがいいこだわりの布団」など、ある材料や素材を好むという意味で使います。

　みなさんにはこだわりの一品がありますか。

17 こだわり

Words
- こだわり
- 文句（もんく）をつける
- 気（き）にする
- 否定的（ひていてき）
- 思（おも）い入（い）れ
- 妥協（だきょう）
- 追求（ついきゅう）
- 肯定的（こうていてき）
- 刺身（さしみ）
- 羽毛（うもう）
- 布団（ふとん）
- 一品（いっぴん）
- 目玉焼（めだまや）き
- 夢中（むちゅう）
- 職人（しょくにん）
- 身（み）につける

Data

目玉焼きに何をかけますか？

1位　＿＿＿＿＿＿＿＿＿＿＿＿＿

2位　＿＿＿＿＿＿＿＿＿＿＿＿＿

3位　1位と2位どちらも

4位　塩・こしょう

5位　塩

6位　＿＿＿＿＿＿＿＿＿＿＿＿＿

参照：賞味期限アンケート http://www.arkworld.co.jp/ukiuki/syukei2.html

Relation

オタクの名所？ アキバ

「秋葉原」この漢字をどう読みますか。正解は「あきはばら」です。アキバとも呼ばれます。

秋葉原は、電気製品を売る街として発展しました。最近はアニメやゲームなどマニア向（む）けの店が多いため、オタクの街としても有名です。みなさんもぜひ訪（おとず）れてみては、いかがですか。

Grammar

1 動詞・ない形＋ずに(～ないで)
　　［する→せずに］

例_ この薬は噛(か)まずに飲んでください。

1　今日は疲れているので、＿＿＿＿＿＿ずに寝るつもりだ。

2　＿＿＿＿＿＿ずに、家を出てしまい、あわてて戻った。

3　今週テストがあるので、＿＿＿＿＿＿ずに、勉強したら目が赤くなってしまった。

Task

オタク度チェック

まず、下の10個の質問にあてはまるものを数えてみましょう！

	チェック項目	はい
1	興味を持ったことに夢中になってしまうタイプだ。	
2	趣味や好きなことのためにおこづかいのほとんどを使ってしまう。	
3	知りたい情報を集めるためにインターネットをよく使う。	
4	秋葉原に行ったことがある。または、行きたい。	
5	マンガ、アニメ、ゲームのキャラクターを好きになったことがある。	
6	家にマンガやアニメ雑誌が100冊以上ある。	
7	同人誌やコミケが何か知っている。	
8	声優(せいゆう)の名前を3人以上知っている。	
9	コスプレをしたことがある。	
10	自分はオタクだと思う。	

はいが０～３の人…まだまだです。趣味生活を充実させましょう。
はいが４～７の人…少しオタクです。もっと自分の趣味を深めましょう。
はいが８～10の人…自他ともに認めるオタクです。趣味生活を楽しみましょう。

UNIT 17

Free Talking

1. コーヒー（または紅茶）を飲むときのこだわりがありますか。
   （例：コーヒーはブラックで飲む、〜の店のコーヒーは飲まないなど）

2. 食事やお酒を飲むときのこだわりがありますか。
   （例：冷麺（れいめん）を食べるときは必（かなら）ず〜で食べる、焼酎（しょうちゅう）には鍋（なべ）料理が一番！など）

3. もし訪れた飲食店の主人がこだわり職人（しょくにん）だったら、どうしますか。（こだわり職人…食材、調理法からお客さんの食べ方まで気にする人）

4. 買い物をするとき、必ず行く店がありますか。

5. 今使っている文房具、身につけているものにこだわりのものがありますか。

6. あなたはこだわりが多いほうですか。また、こだわりが多い人についてどう思いますか。

7. オタクのように夢中になっている趣味がありますか。みんなに紹介しましょう。
   （例：私は日本のドラママニアで、キムタクの大ファンです。）

Dataの正解

1位…しょうゆ　　2位…ソース　　6位…マヨネーズ

18

結婚 결혼
けっこん

結婚の理想と現実…
りそう　げんじつ

　晩婚化や出生率の低下が進んでいる日本。しかし、結婚に対する憧れは昔も今も変わりません。

　男性は、妻の手料理を毎日食べたい、女性は、一度でいいから、ウェディングドレスを着たいなど、何かしら結婚や結婚生活に対する憧れを持っているでしょう。

　そんな憧れを持ちながら、結婚したら、現実と違っていたということにならないように、お婿さん選び、お嫁さん選びをしっかりして、幸せな結婚生活を築きましょう。

18 結婚

Words
- 晩婚化(ばんこんか)
- 出生率(しゅっせいりつ)
- 憧れ(あこがれ)
- 何(なに)かしら
- お婿(むこ)さん
- お嫁(よめ)さん
- 築(きず)く
- 既婚(きこん)
- おしゃれ
- もてる
- ブライダル業界(ぎょうかい)
- おめでた婚(こん)
- 授(さず)かり婚(こん)
- 未婚(みこん)
- ご祝儀(しゅうぎ)

Data

既婚女性にアンケート
結婚相手としてどういう男性がおすすめですか？

1位 _____

2位 面倒見(めんどうみ)がいい

3位 性格がいい

4位 _____

5位 _____

6位 それほどもてない

7位 おしゃれ

参考：「結婚後のリアルライフ！」(2006.6)『With』

Relation

できちゃった結婚って何？

　最近、結婚のきっかけが、できちゃった結婚である場合が多いそうです。できちゃった結婚とは、子どもができてから、結婚することを言います。否定的(ひていてき)な意味も含(ふく)まれることから、ブライダル業界では、おめでた婚、授かり婚とも言うそうです。

　みなさんは、できちゃった結婚について理解できますか。

Grammar

1 名詞＋に対して、に対する（〜に/対象、相手）

例_ 彼は先生に対する態度が悪い。

1 この学校は成績優秀な学生に対して、＿＿＿＿＿＿＿＿＿＿＿＿＿＿＿。

2 警察は外国人犯罪に対して、＿＿＿＿＿＿＿＿＿＿＿＿＿＿＿＿＿＿。

3 お客様に対して、＿＿＿＿＿＿＿＿＿＿＿＿＿＿＿＿＿＿＿＿＿＿＿。

Pair Work

友達が結婚することになりました。
どのようにお祝いの言葉をかければいいでしょうか。

友達　＿＿＿＿＿さん、私、今度結婚することになったんだ。

私　　＿＿＿＿＿＿＿＿＿＿＿＿＿＿＿＿＿＿＿＿＿＿＿＿＿

友達　＿＿＿＿＿＿＿＿＿＿＿＿＿＿＿＿＿＿＿＿＿＿＿＿＿

私　　＿＿＿＿＿＿＿＿＿＿＿＿＿＿＿＿＿＿＿＿＿＿＿＿＿

UNIT 18

Free Talking

1. 未婚の人…結婚したいですか。いつ、どんな人と結婚したいですか。
   既婚の人…結婚して、よかったですか。どんなところがよかったですか。

2. 結婚に対して、どんな憧れがありますか。結婚のいいところを挙げてください。

3. 結婚に対して、マイナスイメージがありますか。どんなところですか。

4. 結婚したら、どんな旦那さん、奥さんになりたいですか。

5. 結婚したら、子どもが必要だと思いますか。

6. みなさんの国の結婚式について説明してください。
   （出席者の数、どんな服で出席するか、結婚式で何をするか、ご祝儀はいくらか）

7. どんな結婚式を挙げたいですか。（既婚の人は、どんな結婚式を挙げましたか。）

Dataの正解

1位：やさしい　　4位：趣味が多い　　5位：節約家

潔癖症 결벽증

きれい好きですか？

　汚いものや臭いものは誰もが嫌がりますね。ハエが飛んでいる食堂には入りたくないし、ふけがいっぱいの頭をボリボリかいている人のそばにも近づきたくはありません。しかし、あまりに神経過敏なのもちょっと問題があります。いろいろな人が触るから、バスの手すりや吊革は利用したくないとか、洋式トイレには座りたくないなんて言い出したらきりがないですね。

　みなさんはどうですか。

19 潔癖症

Words
- 潔癖症(けっぺきしょう)
- ふけ
- ボリボリかく
- 神経過敏(しんけいかびん)
- 手(て)すり
- 吊革(つりかわ)
- きりがない
- エッチ
- ごまかす
- 抗菌商品(こうきんしょうひん)
- 細菌(さいきん)
- カビ
- シミ
- ゴキブリ
- 捕(つか)まえる
- 耐(た)える
- 売(う)り出す

Data

お父さんに質問

「子供と一緒にテレビを見ていたらエッチなシーンが出てきました。そんな時どうしますか？」

1位 ＿＿＿＿＿＿＿＿＿＿

2位 話しかけてごまかす。

3位 知らないふりをする。

4位 ＿＿＿＿＿＿＿＿＿＿

5位 ＿＿＿＿＿＿＿＿＿＿

6位 トイレに行く。

Relation

抗菌商品

　細菌やカビなどが増えるのを防(ふせ)ぐ抗菌機能のある商品が次々に登場しています。

　例えば、タオル、ベビー用品、文房具など。みなさんは使ったことがありますか。

Grammar

1 あまりに ～て、～すぎて、（とても激しい）

例＿ あまりにおかしくて、涙が出た。

1 この店の料理はあまりに＿＿＿＿＿＿て、食べられない。

2 この仕事がしたくて、入社したが、あまりに＿＿＿＿＿＿て、もう辞めたい。

2 名詞の・動詞普通体・い形容詞い・な形容詞な＋ふりをする（本当はそうではないのにわざと～ようにする）

例＿ 山で熊に会ったら、死んだふりをしろ！

1 お酒を少ししか飲んでいないのに、＿＿＿＿＿＿ふりをして、好きな人に近づいた。

2 同級生と目があったのに、＿＿＿＿＿＿ふりをされた。

Task

潔癖症チェック

あなたは、最近買った高いスーツに少し緊張しています。ところが、あなたはスーツに食べ物をこぼして、シミをつけてしまいました。
さて、あなたはどれくらいのシミをつけてしまったら、すぐにクリーニングに出しにいきますか？

A 直径5mm以下のシミ　　　　B 直径10mm程度のシミ
C 直径15mm程度のシミ　　　　D 直径20mm以上

Aを選んだ人… あなたは、かなりの潔癖症タイプです。他人が使ったタオルを使うのは絶対に嫌で、神経質なところがありそう。恋愛でも当然、恋人の浮気は絶対に許せないでしょう。

Bを選んだ人… あなたは、どちらかと言えば潔癖性タイプです。精神的な不正を嫌うし、こまめに部屋を掃除したりしそうです。

Cを選んだ人… あなたは、どちらかといえばあまり気にしないタイプです。周囲で起こっていることについても、把握していないことが多いのではありませんか？恋愛についても気にしないので恋人が浮気をしていてもなかなか気がつきません。

Dを選んだ人… あなたは、全然気にしないタイプです。無神経といってもいいかもしれません。静かに食事をしているレストランで大声でおしゃべりしたり、恋人の前でも平気でおならをしたりしていませんか？

参照：心理テスト http://www.lookpage.co.jp/public/tokushu/no001027/enquete38.html

UNIT 19

Free Talking

1 公共の施設などで、汚くて嫌だと思うものは何ですか。

2 そばに近づきたくないものは何ですか。（例：虫、臭い靴下）

3 ハエやゴキブリを手で捕まえられますか。

4 次のうち、許せないことはどれですか。（あなたがどんなことに潔癖かがわかります）
① 前にトイレを使った人が、水を流さなかった。
② 恋人が異性と二人で遊んでいた。
③ 政治家が税金の無駄づかいをした。

5 毎日、きれいにしないと耐えられないものは何ですか。

6 抗菌商品として売り出してほしいものは何ですか。

7 どんな人を潔癖症といいますか。
まわりに潔癖症の人がいますか。

Dataの正解

1位：そのまま見る。　4位：チャンネルを変える。　5位：子供に用事を頼む。

子どもの頃(ころ) 어릴 적

子どもの頃を思い出しましょう。

　子どもの頃についてあなたは何を思い出しますか。その頃、流行っていたおもちゃ、遊び、アニメですか。それとも、先生に怒(おこ)られたこと、友達とけんかしたことですか。
　子どもの頃について話しながら、昔を懐かしんでみましょう。

20 子どもの頃

Words
- 流行る
- 懐かしむ
- 博士
- 刑事
- 大工
- 消防士
- 救急隊
- 飼育係
- 調教師
- 鬼ごっこ
- かくれんぼ
- ブランコ
- すべり台
- 保育園
- 幼稚園

Data 大人になったらなりたいもの

≪男の子≫
- 1位 ＿＿＿＿＿＿＿＿＿＿
- 2位 ＿＿＿＿＿＿＿＿＿＿
- 3位 学者・博士
- 4位 食べ物屋さん、警察官・刑事、大工さん
- 5位 消防士・救急隊
- 6位 お医者さん

≪女の子≫
- 1位 食べ物屋さん
- 2位 ＿＿＿＿＿＿＿＿＿＿
- 3位 ＿＿＿＿＿＿＿＿＿＿
- 4位 飼育係・ペット屋さん・調教師
- 5位 お医者さん
- 6位 ピアノの先生・学校の先生

出典：「大人になったらなりたいもの」第一生命2006年ミニ作文アンケート

Relation

プレーパークで遊ぼう

　昔は近くの公園で子どもたちだけで、鬼ごっこやかくれんぼ、ブランコやすべり台などで遊んだものです。最近はプレーパーク、冒険遊び場という、子どもたち自身の責任で自由に遊べる場所が増えています。そこには安全面に対応できるプレーリーダーもいて、安心して遊べます。

UNIT 20

Grammar 　**1**　名詞＋について（内容、テーマ）

例＿ 今日は子どもの頃について話しましょう。

1　卒業論文は＿＿＿＿＿＿＿＿について書こうと思っている。

2　あの先生は＿＿＿＿＿＿＿＿についてとても詳しい。

3　彼は韓国の教育について＿＿＿＿＿＿＿＿ている。

Play　日本の伝統おもちゃで遊んでみましょう。

次の日本の伝統おもちゃを知っていますか。実際に遊んでみましょう。

- 双六（すごろく）
- 福笑い（ふくわらい）
- カルタ
- けん玉（だま）
- 折り紙（おりがみ）

UNIT 20

Free Talking

1　子どもの頃、何をして遊びましたか。

2　どんなアニメ、テレビ番組を見て、育ちましたか。

3　その頃、憧れていたヒーロー、主人公は誰ですか。

4　その頃、流行っていたものは何ですか。（お菓子、ゲームなど）

5　大人になったらなりたかった職業は何でしたか。

6　子どもの頃、どんな子どもでしたか。

7　子どもの頃の思い出を話してください。

Dataの正解

男の子　1位：野球選手　　2位：サッカー選手
女の子　2位：保育園・幼稚園の先生　　3位：看護師さん

クロスワードパズル 01

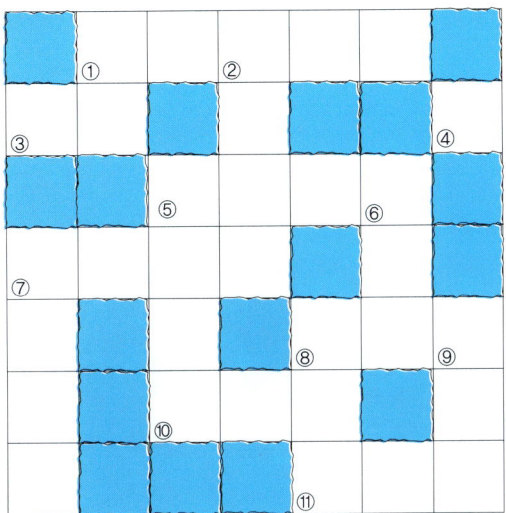

〈よこのかぎ〉

01 中高層建築の集合住宅。
03 お金や物などを惜しがって、出さないこと、またはその人。
05 百貨店。
07 計算器を使わないで頭の中でする計算のこと。
08 キャンプで寝るための物。解体を持ち運びが可能。
10 使った後、水を流して手を洗って出る場所。女性が化粧直しのために使うときもある。
11 ドイツで有名なアルコール飲料。

〈たてのかぎ〉

01 村よりも人口が集中し、家屋が立ち並び商店街などもある地域。
02 ポーランドの作曲家でありピアニスト。「幻想ポロネーズ」
04 人の血を吸う虫。夏に出る。
05 洋食で食後に食べるもの。
06 山登り。
07 デジタルの反対。
08 電波で送られてくる動く映像を再生する装置。
09 動いていたものが動かなくなること。

Part 2

感覚表現

四季の変化のはっきりしている日本では、
それに関する話題が多く、
感覚を表現する言葉は重要です。
表現を覚えると同時に、
日本人と学習者の感覚の違いなどについて
会話をします。

味覚 미각
みかく

どんな味覚を持っていますか？

　アメリカのケーキは甘すぎて食べられない！韓国の料理は辛すぎる！寿司の中のわさびは鼻につんときて目から涙が出る！など世界にはいろいろな味の料理があり、初めての人には到底食べられない味という場合もあります。そうかと思えば、味覚のとても敏感な人もいて、酒の種類を言い当てたり、客の体調に合わせて料理の味付けを変えたりできる調理師もいます。

　ところで、インスタント食品が氾濫するこの頃ですが、偏食や不規則な食事が味覚音痴の原因になるそうです。

　あなたの味覚はどうですか。

21 味覚

Words
- わさび
- つんとくる
- 言い当てる
- 味付け
- 氾濫
- 偏食
- 味覚音痴
- 香ばしい
- そうめん
- くどい
- 乱暴に
- 噛む
- 揚がる
- お袋の味
- 焦げる
- 飽きる

Exercise

正しいほうを選びましょう。

1 とても辛いキムチを食べて舌が(ひりひり・ぬるぬる)する。

2 そうめんは(さっぱりしていて・くどくて)夏にはおいしい。

3 このカレーはスパイスが(煮えていて・効いていて)おいしい。

4 レモンのキャンディーは(香ばしい・甘酸っぱい)。

5 このトンカツは(ボリューム・ソース)たっぷりでスタミナがつく。

6 弟は元気にご飯を(ぱくぱく・がつがつ)食べる。

7 乱暴にフライドチキンを(むしゃむしゃ・もぐもぐ)食べる。

8 (かりかり・どろどろ)に焼けたベーコンがうまい。

9 ガムを(ぴちゃぴちゃ・くちゃくちゃ)噛んでいる野球の選手。

10 (べとべとに・からっと)揚がったてんぷらがおいしい。

Grammar

1 動詞・辞書形、〜ている、ない形、名詞の＋うちに（〜間に）

例＿ 先生の話を聞いているうちに、眠くなってしまった。

1 彼女と会っているうちに、＿＿＿＿＿＿＿＿＿＿＿＿＿＿＿＿＿＿＿。

2 中学生のときの友達に会わないうちに、＿＿＿＿＿＿＿＿＿＿＿＿＿。

3 留守のうちに、＿＿＿＿＿＿＿＿＿＿＿＿＿＿＿＿＿＿＿＿＿＿＿＿＿。

Task

味覚問題

Q　どんな味がすると思いますか？

① きゅうり ＋ はちみつ ＝
② 麦茶(むぎちゃ) ＋ 牛乳 ＋ 砂糖(さとう) ＝
③ 麦茶 ＋ オレンジジュース ＝
④ アボカド ＋ わさび ＋ しょうゆ ＝
⑤ プリン ＋ しょうゆ ＝

UNIT 21

Free Talking

1　お袋の味といえば、どんな料理を思い出しますか。

2　あなたは辛いもの、甘いもののどちらが好きですか。

3　苦いものにはどんなものがありますか。

4　肉やステーキなどは焦げたほうがおいしいですか。

5　生(なま)でおいしいのは？

6　初めて食べたときはおいしくなかったけれども、何度か食べるうちにとても好きになったものは？

7　たくさん食べると飽きて嫌になるものは？
　　たくさん食べ続けてもおいしいものは？

8　珍(めずら)しい料理を紹介してください。

正解

exercise's answers
1. ひりひり　2. さっぱりしていて　3. 効いていて　4. 甘酸っぱい　5. ボリューム
6. ぱくぱく　7. むしゃむしゃ　8. かりかり　9. くちゃくちゃ　10. からっと

Task's answers
① メロン　② コーヒー牛乳　③ りんご　④ トロ　⑤ うに

96

におい 냄새

どんなにおいがしますか？

　においと言うのは人間の体に対して大きな影響を与えるようです。刺激の強いにおいは害を与えることも多いので気をつけなければならないですが、おいしい料理のにおいや花の香り、香水の香りなどは人を魅了する素敵なにおいです。
　ところで長い時間そのにおいをかいでいると、感覚が麻痺してわからなくなってしまいます。男性の部屋には特有のにおいがあるし、食生活などによっても体臭が違うようです。
　においについて話してみましょう。

22 におい

Words
- 刺激（しげき）
- 特有（とくゆう）
- 防虫剤（ぼうちゅうざい）
- 結露（けつろ）
- 害を与える（がいをあたえる）
- 体臭（たいしゅう）
- シンナー
- 納戸（なんど）
- 麻痺（まひ）
- ミント
- 芳香剤（ほうこうざい）
- 押入（おしいれ）
- 魅了（みりょう）
- 衛生車（えいせいしゃ）
- 下駄箱（げたばこ）
- 消す（けす）

Exercise

次のにおいは好きですか。

1. 歯を磨いたあとのミントのにおい
2. 男性用香水の香り
3. 魚が焼けて少し焦げたにおい
4. 冷蔵庫を開けたとき出てくるキムチのにおい
5. フライドチキンのお店から出てくるにおい
6. 衛生車のにおい
7. 洋服の防虫剤のにおい
8. シンナーのにおい
9. 部屋の芳香剤
10. お酒をたくさん飲んだ人の口から出るにおい

UNIT 22

Grammar

1 動詞、イ形容詞普通体・ナ形容詞な・名詞の＋ため（に）（原因・理由）

> 例＿ 学生のとき、英語を勉強しなかったため、今、英語に苦労している。

1 交通事故のため、_____。

2 体調が悪いため、_____。

3 約束の時間に間に合わなかったため、_____。

Task

家のにおいレベルチェック

	チェック項目	はい
1	昼は家に誰もいないことが多い	
2	洗濯物は何日分かためてから洗う	
3	下駄箱に入れず、玄関に出してあるくつがある	
4	冬は部屋の結露が気になる	
5	焼き肉や揚げ物が好きでよく作る	
6	掃除はときどき少しずつするより、まとめてするほうだ	
7	家に日当たりのあまり良くない部屋がある	
8	ペットを飼っていて、あちこちで抜け毛がすぐ見つかる	
9	部屋に灰皿を置いている	
10	窓はふだんあまり開けない	
11	洗濯物を室内に干すことが多い	
12	納戸や押入の奥など、数年間整理していない収納がある	

出典：花王　におい大研究 http://www.kao.co.jp/resesh/kenkyu/index.html

UNIT 22

Free Talking

1. あなたが嫌いなにおいは何ですか。

2. それを消すための効果的な方法は？

3. 体によくないにおいは？

4. においのためにひどい体験をしたことがありますか。

5. さわやかな香りは？

6. 食べ物のにおいで好きなものは？

7. あなたが好きなにおいは何ですか。

正解

Task's answers

チェックが0～3の人…においレベル　青信号
　においの発生源（はっせいげん）が少なく、においをためない暮らし方をなさっているようですね！キレイ好きのあなたの場合、もしかしたら『洗えないもの』がストレスなのでは？

チェックが4～9の人…においレベル　黄色信号
　もしかすると、ときどきにおっているかも？まず、あなたの家のにおいの発生源になりやすいものを見つけましょう！発生源がわかったら、洗えるものは洗いましょう。

チェックが10～12の人…においレベル　赤信号
　自分が思っているよりにおっているかも…。長時間留守にして玄関に入ったときや、朝起きてリビングに入ったときなど、においが気になることありませんか？布製品と空間のにおい、両方消臭（しょうしゅう）すると効果的。もちろん換気（かんき）も忘（わす）れずに！

音 소리

どんな音ですか？

　音といえばみなさんは何を思い浮かべますか。
　都会では自動車の騒音、パトカーのサイレン。田舎に行けば、鳥のさえずりや川のせせらぎ。疲れたときには静寂が必要だし、寂しいときには町のにぎやかさも必要でしょう。とにかく音は私たちの生活にいつも大きな関わりを持っています。音について話し合いましょう。

23 音

Words
- 思(おも)い浮(う)かべる
- せせらぎ
- クラクション
- 有効利用(ゆうこうりよう)
- 騒音(そうおん)
- 静寂(せいじゃく)
- 鳴(な)き声(ごえ)
- 効果音(こうかおん)
- さえずり
- 関(かか)わり
- 泣(な)き声(ごえ)
- 物(もの)まね

Exercise

正しいほうを選びましょう。

1. ドアが閉まる音。　　　　　　　　（バタン・ドン）
2. 拍手の音。　　　　　　　　　　　（カチカチ・パチパチ）
3. そばを食べるときの音。　　　　　（ズズッ・ザーザー）
4. 自動車のクラクションの音。　　　（プップー・パンパン）
5. 牛の鳴き声。　　　　　　　　　　（モー・メェー）
6. 犬の鳴き声。　　　　　　　　　　（ガオーッ・ワンワン）
7. 時計の音。　　　　　　　　　　　（チクタク・コツコツ）
8. 赤ちゃんの泣き声。　　　　　　　（ウワーン・オギャー）

Grammar

1　ナ形容詞な＋さ

例_ 人生の豊かさはお金ではかれるものではない。

1　ファーストフードでアルバイトをするには_____が大切です。

2　掃除機を選ぶには_____がポイントだ。

3　インターネットの_____に負けて、いつも時間の無駄づかいをしてしまう。

Task

次の英語の発音をカタカナで書いてみましょう。
（先生がカタカナの読み方で発音をして、書かせてもかまいません。）

① tour　　　　→ _____
② cup　　　　→ _____
③ hamburger　→ _____
④ service　　 → _____
⑤ computer　 → _____
⑥ super　　　→ _____
⑦ bus　　　　→ _____
⑧ lunch　　　→ _____
⑨ Canada　　→ _____
⑩ salad　　　→ _____
⑪ taxi　　　　→ _____
⑫ dance　　　→ _____
⑬ passport　　→ _____
⑭ bag　　　　→ _____
⑮ ham　　　　→ _____
⑯ romance　　→ _____
⑰ lap　　　　→ _____
⑱ cash　　　　→ _____
⑲ captain　　→ _____
⑳ channel　　→ _____

UNIT 23

Free Talking

1. 都会の音といえば何の音が思い浮かびますか。

2. 田舎の音といえば何の音が思い浮かびますか？

3. あなたの部屋で聞こえる音は？

4. 一番困る音は？ 怖い音は？ 困った体験談を話してください。

5. 音の有効利用について話してください。

6. 効果音で迫力がある映画は？

7. 体の一部で音を出すことができますか。（例：指を鳴らす）

8. 動物の鳴き声の物まねができますか。

9. 歌手の声や乗り物の音などの物まねができますか。

正解

exercise's answers
1. バタン 2. パチパチ 3. ズズッ 4. プップー 5. モー
6. ワンワン 7. チクタク 8. オギャー

Task's answers
①ツアー ②カップ ③ハンバーガー ④サービス ⑤コンピューター ⑥スーパー
⑦バス ⑧ランチ ⑨カナダ ⑩サラダ ⑪タクシー ⑫ダンス ⑬パスポート
⑭バッグ ⑮ハム ⑯ロマンス ⑰ランプ ⑱キャッシュ ⑲キャプテン ⑳チャンネル

手触(てざわ)り 감촉

触(さわ)ってみましょう。

　夜ぐっすり眠(ねむ)るためには、肌触りのよいパジャマを着て寝るのが最適(さいてき)のようです。特に夏の暑い夜などはすべすべしたシルクが快適(かいてき)な睡眠(すいみん)を約束してくれます。手触りのよさといえば、シルクもそうですが、ふかふかのセーターやミンクのコートなども気持ちがいいです。赤ちゃんの肌なども何度触ってもいいものです。しかし反対に気持ちの悪いものもあります。満員電車で汗(あせ)をかいた腕と腕が接触したりとか、雨でびしょぬれのズボンとか、みなさんも経験があるでしょう。

　手触りについて話してみましょう。

24 手触り

Words

- □ 手触り(てざわり)
- □ ぐっすり
- □ 肌触り(はだざわり)
- □ ミンク
- □ 接触(せっしょく)
- □ つるつる
- □ ざらざら
- □ さらさら
- □ 糊付け(のりづけ)
- □ ごわごわ
- □ べとべと
- □ かさかさ
- □ ちくちく
- □ ぬるぬる
- □ すべすべ
- □ あかぎれ
- □ いが
- □ むく
- □ ゆで卵(たまご)
- □ のこぎり

Exercise

正しいものを選びましょう。

1. 凍(こお)った道路が(つるつる・ころころ)すべる。
2. (ざらざら・さらさら)した長い髪の女性。
3. 糊付けしたワイシャツが(ねちねち・ごわごわ)している。
4. ペンキが乾(かわ)いていなくて(べとべと・へとへと)している。
5. ハンドクリームをぬった手は(かさかさ・すべすべ)している。
6. 毛糸(けいと)のセーターは(けちけち・ちくちく)する。
7. ワカメをあらうと(ぬるぬる・ぷりぷり)する。

Grammar

1 イ形容詞 ~~い~~ ＋ さ　★いい → よさ

例_ 私は寒さに弱い。

1　今日の気温は３５度だった。この＿＿＿＿＿＿＿は来週まで続くだろう。

2　背の＿＿＿＿＿＿＿をはかる。

3　先生の＿＿＿＿＿＿＿に感動した。

4　この公園は東京ドーム20個分の＿＿＿＿＿＿＿だ。

Play

手触りゲーム

≪ゲームの方法≫

① 黒いビニールの中に手を入れます。そのとき中に入っているものを見ないでください。

② 中に入っているものを触って、感触(かんしょく)を日本語で説明してください。

（最低３つ話してください。）

　表現例：〜しています。〜の感じがします。

③ 中に入っているものが何か当てることができたら勝ちです。

（この場合、触っている人、触っていない人どちらが当ててもかまいません。）

UNIT 24

Free Talking

1. 手触りのよいものには何がありますか。

2. 手触りのよくないものには何がありますか。

3. すべすべしてよくすべるので便利なものは？

4. すべらなくて便利なものは？

5. 触ると危険なものは？

6. ずっと触りたくなるものは？

7. 次のものはどんな肌触りですか。
   ① 油　　　　　② おばあちゃんの肌　③ 赤ちゃんの肌
   ④ あかぎれの指　⑤ 栗のいが　　　　⑥ 皮をむいたゆで卵
   ⑦ うなぎ　　　⑧ 綿のズボン　　　⑨ のこぎりの刃

正解

exercise's answers
1. つるつる　　2. さらさら　　3. ごわごわ　　4. べとべと　　5. すべすべ
6. ちくちく　　7. ぬるぬる

108

クロスワードパズル 02

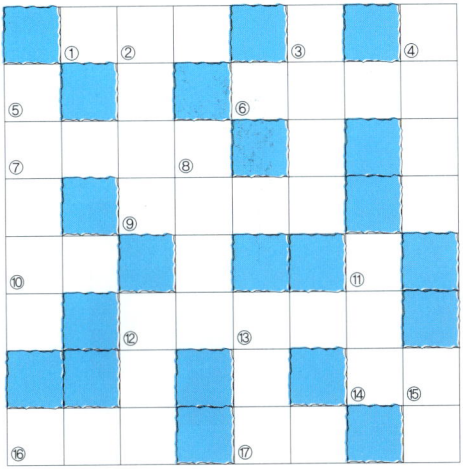

<よこのかぎ>

- 01 試験のこと。
- 06 風車で有名な国。
- 07 停止させる時に踏むもの。
- 09 野外にテントを張って宿泊すること。
- 10 足が8本ある海の生物。
- 12 女子の応援団員。
- 14 食べたり話したりする部分。
- 16 順位をつけること、または順位。
- 17 人込みの中で他人の財布などを盗むこと、またはその泥棒。

<たてのかぎ>

- 02 肉の切り身を焼いた西洋料理。
- 03 実力が出せずに不調が続く状態。
- 04 成人、大人の意味の外来語。
- 05 恋する人に送る手紙。
- 08 技術、仕事などの経験や経歴。
- 11 牛乳。
- 12 決められた時間に遅れること。
- 13 食器や建築材料などに使われる透明な物質。
- 15 地面の下。

Part 3

説明

適切にポイントをまとめた説明ができるように、
表現を覚えると同時に短いスピーチを
練習します。

ベストセラー 베스트셀러

好きな作家と本について紹介しましょう。

　ベストセラーは時代を映す鏡と言われています。「衣食足りて礼節を知る」という言葉がありますが、景気がいいときにはマナーの本、不景気で不安定なときには占いや運勢の本がよく売れます。最近のベストセラーは、携帯電話のブラウザを通して読むケータイ小説も現れ、今までの枠を超えた本が登場しています。
　みなさんの国のベストセラーはどうですか。

25 ベストセラー

Words
- 映す
- 景気
- 批評
- 痛快
- 衣食足りて礼節を知る
- ブラウザ
- 推理
- 店頭
- 枠
- 怠け者
- 口コミ
- 運勢
- 超える
- 発揮
- ジャンル

Grammar

1 名詞＋として（資格・立場で）

例_ 私は留学生として日本に来ました。

1 今、＿＿＿＿＿として、＿＿＿＿＿＿＿＿＿＿。

2 動詞辞書形＋べき＋名詞
　　（当然しなければいけないこと、そうなること）

例_ 若いので、今は働くべき時だ。

1 彼はいつか＿＿＿＿＿べき運命だ。

Task 作家作品紹介

★ あなたの好きな作家と作品についてスピーチしてみましょう。

≪ポイント≫

・作家の紹介
・作品の題名
・作品で一番印象に残ったところ
・作品の批評

私の好きな作家は推理作家として有名な江戸川乱歩です。

代表作は＿＿＿＿＿＿で、主人公の＿＿＿＿＿＿は普段は遊んでばかりいる怠け者ですが、大事件が起きると、驚くべき才能を発揮して事件を解決するという痛快な推理小説です。

UNIT 25

Free Talking

1. 最近のベストセラーにはどんな本がありますか。

2. ベストセラーを読んだことがありますか。どんな本ですか。

3. いつも何がきっかけで本を買いますか。
(本屋の店頭で見て、趣味や教養のため、広告を見て、口コミで)

4. 今、どんなジャンルの本が読みたいですか。

5. 印象に残った本、あなたの思い出の本は何ですか。

映画 영화

映画を紹介しましょう。

スクリーンいっぱいに広がる大自然の光景。大迫力のアクションシーン。あなたの心をとらえて離さない恋人たちのラブストーリー。映画は私たちに未知の世界を教えてくれたり、別世界の旅に招待してくれます。デートの雰囲気を盛り上げるのにも効果的かもしれません。この頃はインターネットやビデオレンタルショップのおかげで、手軽にいつでも映画が見られるようになりましたが、あの大画面の与えてくれる興奮にはかなわないでしょう。

26 映画

Words
- 大迫力(だいはくりょく)
- 前評判(まえひょうばん)
- 思わず(おもわず)
- 抱腹絶倒(ほうふくぜっとう)
- 未知(みち)
- 見事(みごと)
- 手に汗を握る(てあせにぎる)
- 盛り上げる(もりあげる)
- 見所(みどころ)
- どんでん返し(どんでんがえし)

Grammar

1　名詞＋のおかげで
（それが原因で、いい結果になって感謝(かんしゃ)する気持ち）

例＿　先生のおかげで、日本語が上手になりました。

1　この薬のおかげで、＿＿＿＿＿＿＿＿＿＿＿＿＿＿＿＿＿＿＿。

2　両親のおかげで、＿＿＿＿＿＿＿＿＿＿＿＿＿＿＿＿＿＿＿＿。

3　＿＿＿＿＿＿＿のおかげで、＿＿＿＿＿＿＿＿＿＿＿＿＿＿＿。

UNIT 26

Task

映画紹介

★ あなたの思い出の映画についてスピーチしてみましょう。

≪ポイント≫

・映画の題名紹介

・主人公の紹介

・見所

・批評(ひひょう)

「前評判の高い映画はおもしろくない」という人がいますが、この映画は私の期待に見事に応(こた)えてくれました。なかでも主人公＿＿＿＿＿＿役の＿＿＿＿＿＿の演技(えんぎ)はすばらしく、とても印象に残っています。見所も多く見る人を飽(あ)きさせないストーリー展開。

エンディングで恋人に再会(さいかい)する場面では思わず涙が出てきました。心に残る感動の名作(めいさく)です。

＿＿＿＿＿＿＿＿＿＿＿＿＿＿＿＿＿＿

＿＿＿＿＿＿＿＿＿＿＿＿＿＿＿＿＿＿

＿＿＿＿＿＿＿＿＿＿＿＿＿＿＿＿＿＿

＿＿＿＿＿＿＿＿＿＿＿＿＿＿＿＿＿＿

＿＿＿＿＿＿＿＿＿＿＿＿＿＿＿＿＿＿

Free Talking

1. あなたの一番好きな映画のジャンルは？

2. 手に汗を握った映画は？

3. どんでん返しのおもしろい映画は？

4. 抱腹絶倒のコメディー映画は？

5. 涙を流して感動した映画は？

ニュース 뉴스

最近のニュースを紹介しましょう。

　高度に情報化された現代社会では、ほとんどの人にとってニュースは重要な情報源です。毎朝ニュースをチェックしないと一日が始まったような気がしない人もいるでしょう。それだけにニュースの影響力というのは絶大なものであり、国を動かす力もあると言えます。
　あなたはニュースをどのように見ていますか。

27 ニュース

Words
- 情報化（じょうほうか）
- 情報源（じょうほうげん）
- 絶大（ぜつだい）
- 見出し（みだし）
- 運の尽き（うんのつき）
- 奪う（うばう）
- 強盗（ごうとう）
- 逮捕（たいほ）
- 押し入る（おしいる）
- 諭す（さとす）
- 領収書（りょうしゅうしょ）
- 偽（にせ）
- 逃げ去る（にげさる）
- 鋭い（するどい）
- 推理（すいり）
- 几帳面（きちょうめん）

Grammar

1　名詞+だけに（～だから、やはり～だ）

例_ あの人は放送部出身だけに発音がきれいだ。

1　彼女は営業だけに＿＿＿＿＿＿＿＿＿＿＿＿＿＿＿＿＿＿＿＿。

2　彼は大学教授だけに＿＿＿＿＿＿＿＿＿＿＿＿＿＿＿＿＿＿＿＿。

2　それにしても（～ことは認（みと）めるが、やはり～）

例_ A：先生、あと10分で来るって言ったのに、遅いね。
　　B：そうだね。それにしてもこんなに遅いのは変（へん）だよ。事故にあったのかな。

1　A：今年は暖冬（だんとう）だって。

　　B：そうか〜。それにしても＿＿＿＿＿＿＿＿＿＿＿＿＿＿＿＿＿＿＿＿。

Task

ニュースの解説

★ 最近起こったニュースについて紹介しましょう。

≪ポイント≫

・ニュースの見出し

・ニュースの内容

・感想(かんそう)

几帳面(きちょうめん)さが運の尽き

－金を奪って領収書を書いた強盗－

　逮捕されたのは愛知県(あいちけん)春日井市(かすがいし)に住む無職(むしょく)Ｓ(33)。彼は小牧市(こまきし)にあるＡさん宅に押し入り金を要求。五千円を奪い取った。しかしＡさんが「こんなことをしてはいけない」と諭(さと)すと「悪かったな、じゃ領収書を書く…」とメモ用紙に偽の住所と名前を書いて逃げ去った。Ａさんの通報(つうほう)で小牧署はただちにＳを逮捕。「とっさの時には本物(ほんもの)と似たような住所氏名を書くもの」と鋭い推理(すいり)で犯人は捕まってしまった。それにしても領収書を書くとは本当に几帳面な強盗であった。

見出し_____

_____

_____

_____

_____

Free Talking

1. 最近どんなニュースがありましたか。

2. 天気予報を毎日チェックしますか。

3. 新聞を毎日読みますか。

4. あなたはいつもどこでニュースや情報を得ていますか。

5. あなたが生まれたあと、起こった事件で印象に残っているのは？

スピーチ 스피치

スピーチにチャレンジしましょう。

　結婚式の新郎新婦の紹介。新入社員の歓迎パーティー。卒業式の送辞、答辞などスピーチをすることが一生に何度かあります。ところで話がかたすぎたり、長すぎたりすれば、聞く人もつまらないし、話すほうも場内の冷たい雰囲気に冷や汗たらたら。もう二度とやるまいと決心するのではないでしょうか。そこで人の心をとらえる話し方、ユーモア、笑えるエピソードなどを準備しなければなりません。

　自分も楽しく聞く人も楽しめる、そんなスピーチの練習をしましょう。

28 スピーチ

Words
- 歓迎(かんげい)
- つまらない
- ハプニング
- 司会者(しかいしゃ)
- 送辞(そうじ)
- 冷や汗(ひやあせ)
- 話し上手(はなしじょうず)
- 答辞(とうじ)
- たらたら
- 聞き上手(ききじょうず)

Grammar

1 動詞辞書形（Ⅱ、Ⅲグループはない形もある）+ まい
  （絶対〜のをやめよう）

例　こんなまずいレストランへは二度と来るまい。

1　昨日とても酔っぱらってしまった。もう_____まい。

2　来年は_____まい。

Task  スピーチ

★ 次のテーマでスピーチしてみましょう。

● テーマ

① 学生時代の思い出
② 私の嫌(きら)いなもの（食べ物、動物、乗り物、他）
③ 怖(こわ)い体験
④ 失敗談(しっぱいだん)
⑤ 旅行のハプニング
⑥ 流行について
⑦ 癖(くせ)について
⑧ 私の宝物
⑨ 歴史人物(れきし)
⑩ 他

Free Talking

1. あなたは話し上手ですか、聞き上手ですか。

2. おもしろい話をして人を笑わせたことがありますか。

3. 初めて会った人にどんな話をしますか。

4. 自己紹介をするとき、何を強調(きょうちょう)しますか。

5. 司会者(しかいしゃ)で好きな人は？ その人はどんなタイプですか。

クロスワードパズル 03

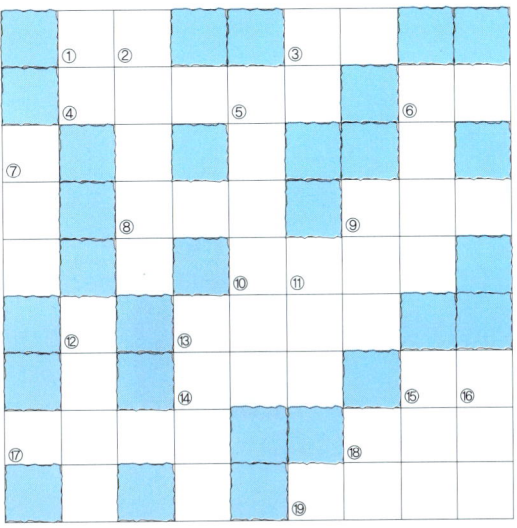

〈よこのかぎ〉
01 人は〇〇で歩く。
04 契約を取り消すこと。
08 水泳する場所は？
10 氷の上でするスポーツは？
14 壁に色をつけるために塗るもの。
15 くちづけ。
18 時間を知るためのもの。
03 料理を〇〇に盛る。
06 酢、米、刺身などで作る日本料理は？
09 球技で使うものは。
13 スタイルがよく見た目がいいこと。
17 勉強を教えてくれる人。
19 ルーブル美術館のある国は？

〈たてのかぎ〉
01 紅葉の季節。
03 十二支で羊の次は？
06 短いと男性が喜ぶ物。
09 湖でデートをするときの乗り物。
11 クリスマスに食べるもの。
12 玉がたくさん出たら景品と交換できる日本の遊び。
13 闘牛で有名な国。
16 ベルンは〇〇〇の首都。
02 頭を洗うときに使うもの。
05 外交販売員。
07 野菜を売る店。
15 DANGER。
18 壇君神話に出てくる動物は熊と〇〇。

企画・話し合い

旅行や本の出版などのために話し合いながら
企画を立てていきます。

旅行企画 여행기획
りょこう きかく

旅行ツアーを企画してみましょう。

　行楽シーズンになれば会社では社員旅行、学生も修学旅行や何かの記念旅行などに行きます。しかし毎年同じようなコースだったり、サービスが悪かったりと、いろいろ不愉快なこともあるでしょう。

　そこでオリジナルの旅行企画をしてみたいと思います。頭からいいアイディアをしぼり出していい企画を立ててください。

29 旅行企画

Words
- 行楽(こうらく)シーズン
- しぼり出(だ)す
- キャンプ
- 不愉快(ふゆかい)
- 企画(きかく)を立(た)てる
- 行(い)き帰(かえ)り
- オリジナル
- リゾート

Grammar

1　動詞・て形＋みる（試(ため)しに〜する）

例＿ 10年前に買ったスカートをはいてみたが、入らなかった。

1　それ、おいしそうですね。＿＿＿＿＿＿＿てみてもいいですか。

2　電車がなかなか来ないので、＿＿＿＿＿＿＿てみましょうか。

3　一度でいいから、＿＿＿＿＿＿＿＿＿てみたいです。

Task 🖉 旅行の企画を立てましょう

テーマ ＿＿＿＿＿＿＿＿＿＿＿＿＿＿＿＿＿＿＿＿＿

いつ ＿＿＿月 ＿＿＿日～＿＿＿月 ＿＿＿日 3泊4日
   　　　　　　　　　　　　　　　　　　　(ばく よっか)

どこ ＿＿＿＿＿＿＿＿＿＿＿＿＿＿＿＿＿＿＿＿＿

予算 ＿＿＿＿＿＿＿＿＿＿＿＿＿＿＿＿＿＿＿＿＿

メンバー ＿＿＿＿＿＿＿＿＿＿＿＿＿＿＿＿＿＿＿＿＿

≪次のことをスケジュールに書いてください≫

・1日目の集合時間、4日目の解散時間(かいさん)　・何時に何をするのか

・交通手段　・宿泊地　・食事(何を食べるのか)

	1日目	2日目	3日目	4日目
午前				
午後				
夜				

★ 写真などを使いながら、旅行スケジュールを発表しましょう。

UNIT 29 旅行企画

Free Talking

1. 団体旅行と一人旅、どちらがいいですか。

2. 旅行するならどんな場所に行きたいですか。
   （観光地、リゾート、料理のおいしいところ、キャンプ、釣り、他）

3. そこで何泊したいですか。

4. 現地までの行き帰りの時間は？ 交通手段は？

5. 朝食、昼食、夕食はどうしますか？

6. 宿泊は？

7. そこで何をしますか。

本・雑誌の出版

책・잡지출판

雑誌の企画をしてみましょう。

　日本に行くとよく目にするのが、電車の中や駅のホームなどで、雑誌やマンガを読んでいる人々。その理由の一つは情報収集。といえば聞こえはいいですが、若い人は大部分、流行や話題についていくためということが多いでしょう。そして本を読んでいれば、忙しさから逃れて自分一人の世界に入れるからではないでしょうか。とにかく日本では雑誌がたくさん売れていますが、質の悪い低俗なものが多いです。

　そこで面白くて便利でためになる雑誌を考えてみましょう。

30 本・雑誌の出版

Words
- 目(め)にする
- 情報収集(じょうほうしゅうしゅう)
- 聞(き)こえはいい
- ついていく
- 逃(の)れる
- 低俗(ていぞく)
- ためになる
- 表紙(ひょうし)
- 役(やく)に立(た)つ
- 図鑑(ずかん)
- 百科事典(ひゃっかじてん)
- 読(よ)み返(かえ)す

Grammar

1　動詞・辞書形、ない形＋と、（Aすると、Bになる）

例_ このスイッチを押すと、ロボットが動きます。

1　まっすぐ行くと、＿＿＿＿＿＿＿＿＿＿＿＿＿＿＿＿＿。

2　彼はお酒を飲むと、＿＿＿＿＿＿＿＿＿＿＿＿＿＿＿＿。

3　このテストを受けないと、＿＿＿＿＿＿＿＿＿＿＿＿＿。

Task

雑誌の企画をしましょう。

タイトル _____

値段 _____

ページ数 _____

読者層(どくしゃそう) _____

特集(とくしゅう) _____

その理由 _____

特集以外のページ _____

有名人の特集 _____

★ 表紙やタイトルを書いてください。

Free Talking

1 韓国にはどんな雑誌がありますか。
また、どんな雑誌をよく読みますか。

2 雑誌の記事で役に立つものは？

3 雑誌を見るとき、必ず読むページは何？

4 あなたが買った本または雑誌で役に立ったと思うものは？
（図鑑、百科事典、趣味の雑誌、テキスト、占いの本、他）

5 あなたが出版社の社長ならどんな本を出版しますか？

6 今まで何度も読み返したことのある本は？

7 現代人に必要な情報は何と何？

広告・ポスター企画

광고・포스터기획

ポスターを作ってみましょう。

　駅などに貼られたアイドルスターのポスターは、ほとんどファンたちによって剥がされ持っていかれてしまいます。きれいなポスターがいっぱいあり、それに目を奪われて肝心の内容は頭に入ってこないことが多いのではないでしょうか。まあそれを企画した団体や宣伝している商品の名前ぐらいは覚えていますから、それで十分なのかもしれませんが…。
　皆さんの目を引くのはどんなポスターですか？

31 広告・ポスター企画

Words
- 貼る
- 剥がす
- 目を奪われる
- 肝心
- 目を引く
- ターゲット
- キャッチフレーズ
- キャンペーン
- 時差通勤
- マスコット
- 標語
- 火の用心
- 元

Grammar

1 受身形　1グループ　読む → 読まれる
　　　　　2グループ　食べる＋られる → 食べられる
　　　　　3グループ　くる → こられる
　　　　　　　　　　 する → される

例　学校へ行ったら、合格者の名前が貼られていた。

1 韓国のみかんは済州島で＿＿＿＿＿＿＿＿＿ている。

2 飛行機の中に、はさみを持って入ることは＿＿＿＿＿＿ている。

3 私の家は40年前に＿＿＿＿＿＿＿＿＿。

Task 広告ポスターを作りましょう。

何のポスター？　_____

ターゲット　　　_____

キャッチフレーズ　_____

★ ポスターのデザインを書いてください

★ 次の中からポスターを選んで、作ってみましょう。

① テーマ
 ・献血(けんけつ)のキャンペーン
 ・時差通勤
 ・リサイクル

② マスコット
 ・人気タレント
 ・マンガのキャラクター

UNIT 31

Free Talking

1. 帰り道や電車の中、あなたの目を引くポスターは？
（自動車、アイドルスター、旅行、意見広告、他）

2. 剥がして持ち帰りたいと思うポスターは何のポスター？

3. どんな意見広告やキャンペーン広告を見たことがありますか？

4. 次の標語の意味がわかりますか？
   ① 飛び出すな　車は急に　止まれない
   ② 乗るなら飲むな　飲むなら乗るな
   ③ 火の用心　マッチ一本　火事の元

5. あなたの知っている標語は？

電気製品のセールス

전자제품 세일즈

セールスマンになってみましょう。

　様々なことが実に便利な時代になったものです。ボタン一つでテレビのチャンネルもエアコンのスイッチも寝転がったまま自由に切り替えられます。怠け者にはうれしいことですが、リモコンが見つからずに家の中を探し回ったあげく、見たい番組が終わってしまったなんてこともあるかもしれません。便利なものに慣れすぎてしまうのも考えものです。とにかく電気製品のおかげで私たちの生活範囲は大きく広がりました。
　今日はセールスマンになって電気製品のセールスをしましょう。

32 電気製品のセールス

Words
- 寝転がる
- 切り替える
- 怠け者
- あげく
- 探し回る
- 考えもの
- 従来
- 高音質
- 採用
- 操作
- 充電
- 新発売
- 特価
- 試す
- 優れる

Grammar

1 動詞・た形、名詞の＋まま（同じ状態で）

例 疲れて、コンタクトレンズをつけたまま、寝てしまった。

1 ＿＿＿＿＿＿＿＿＿＿まま、寝てしまったので、母に怒られた。

2 これは＿＿＿＿＿＿＿のまま、食べることができます。

3 彼女は＿＿＿＿＿＿＿まま、帰ってこなかった。

Task 電気製品をセールスしましょう。

≪ポイント≫
・電気製品の紹介
・製品の特徴（従来のものとどう違うか）
・セールスポイント
・値段

例

> 新型MP3＿＿＿＿＿＿＿＿＿＿をご紹介します。
> ＿＿＿＿＿＿＿＿＿＿は高音質ヘッドフォンを採用し、わかりやすく片手で操作ができます。
> 充電も従来の一時間充電タイプから、さらに短い十分間高速充電を実現。お値段も新発売特価の＿＿＿＿＿＿＿＿＿＿ウォン。どうぞお試しください。

1. リモコン操作ができるものといったら、どんなものがありますか。

2. 電気製品で便利なものにはどんなものがありますか。

3. 電気製品が故障して困ったことがありますか。

4. 一度でいいから自由にコントロールしてみたいものは何ですか。
（例：乗り物、サッカーチーム、国の政治、美女…他）

5. あなたがお勧めする電気製品の便利な点や優れた点を、三つ以上話してください。

クロスワードパズル 04

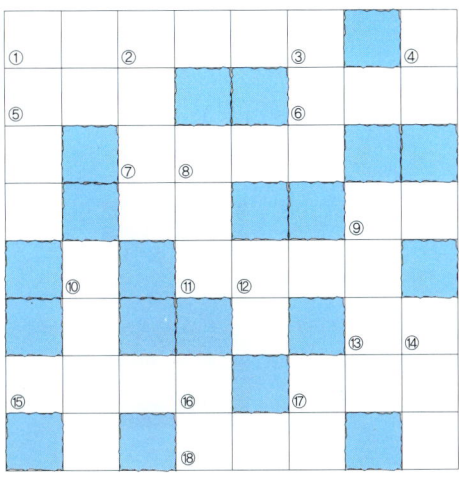

〈よこのかぎ〉

01　2月14日にあげたり、もらったりするもの。
05　ゴミの近くにいる大きくて黒い鳥。
06　黄砂（こうさ）のときに、必要なもの。
07　紙に印刷したもの。
09　マニキュアを塗（ぬ）るところは？
11　台所によくいる黒い虫。
13　頭についているもの。
15　お好み焼き、たこ焼きで有名な都市。
17　台所にある洗う道具。
18　結婚式のとき、新婦さんからもらうもの。

〈たてのかぎ〉

01　地面の下にある道。
02　アニメやゲームのキャラクターの衣装（いしょう）を着ること。
03　赤い野菜。　　　　　　　04　2×4＝8という計算。
08　青森（あおもり）で有名な果物。
09　電車やバスに乗っているとき、つかむもの。
10　うるさい音。　　　　　　12　南の反対。
14　服を作るとき、必要な機械。　16　○式会社
17　緑色で長くのびている植物。

会話ゲーム

様々な話題で
自分のことを話す練習をします。

クイズゲーム 퀴즈 게임

みんなでゲームを楽しみましょう。

ゲームを楽しみながら、日本語でいろいろ話しましょう。

33 クイズゲーム

Words
- 配る
- 従う
- 替わる
- やり方
- 書き直す
- 童話
- 俳優
- 連想

Rules

一人が答えの説明をして答えが何かをみんなで当てるゲームです。

≪準備≫

① 教師は学習者全員に白い紙を一枚ずつ配ります。

② 学習者は配られた紙に自分の名前を書きます。

③ 教師はテーマを発表し、学習者はテーマに従って言葉を一つ書きます。（できるだけ有名なもの、誰もが知っているものがいいです。）

④ 教師は紙を集めます。

⑤ 発表する順番を決めて、始めます。

≪ゲーム・スタート≫

⑥ 学習者は紙に書いた言葉自体は言わないで、その説明をします。

⑦ 他の学習者は発表している学習者が書いた言葉を当てます。

⑧ 学習者が説明に困ったときは、教師がヒントを出します。正解が出たら終わりです。

⑨ 教師は正解した人に正確の言葉のカードをあげます。カードをたくさん持っている人が勝ちです。

⑩ 次の学習者に替わり、⑥⑦のやり方でクイズを進めます。

＊ 同じ言葉を書いた場合は、別の説明をさせてもいいし、違う言葉に書き直させてもいいです。

Theme

1 食べ物

　① 好きな料理　　② お菓子の名前　　③ 珍しい食べ物

2 音楽

　① 好きな歌手　　② 好きな歌の題名

　③ 子どもの頃よく歌った歌

3 本

　① ベストセラー　　② 思い出の本　　③ 童話

　④ 昔話　　⑤ マンガの主人公、悪人

4 映画

　① 好きな映画　　　　② 好きな俳優

　③ 映画のジャンルで出題　　④ 映画の主人公、悪人

5 テレビ番組

6 有名人（スポーツ選手、政治家、科学者…他）

7 電気製品

8 　趣味・レジャー・おもちゃ

9 　生活用品

10 　連想(テーマから連想する言葉を何でもいいから書く)

　① いいもの　　　　　　② 悪いもの
　③ 怖（こわ）いもの　　　　　　④ おもしろいもの

カルタとりゲーム

카드 집기 게임

みんなでゲームを楽しみましょう。

ゲームを楽しみながら、日本語でいろいろ話しましょう。

34 カルタとりゲーム

Words
- □ カルタ
- □ 並(なら)べる
- □ 取(と)り合(あ)う
- □ 分(わ)ける
- □ 机(つくえ)に向(む)かう
- □ 競争(きょうそう)
- □ フルネーム
- □ 初恋(はつこい)

Rules

ある文章の書いてあるカードを机の上に並べ、教師が読んだのと同じ文章のカードをみんなで取り合うゲームです。

≪準備≫

① 学習者はカードに質問したいことを書き(人数に合わせて質問は一人2つか3つ)、同じカードをもう一枚作ります。

② 20組ぐらいのカードを準備して、教師の読むカードと学習者が取るカードの二つに分けます。

③ 学習者は一つの机に向かって座り(6人ぐらいが適当(てきとう))、机に学習者用のカードを並べます。

≪ゲーム・スタート≫

④ 教師は教師用のカードを読み、同じカードを学習者は競争で早く取ります。

⑤ 取った人はカードの質問を読み、取った人の両隣の人がカードの質問に答えます。

⑥ すべてのカードを取り終わったら、それぞれ取った枚数を数えます。一番多く取った人が勝ちです。

＊ 質問の内容は学習者の学習レベルに合わせて教師が考えます。
人数が多い場合はグループに分け、グループの分だけカードを何セットも作り、グループの中で代表を決めてカードを読ませてゲームを進行します。

Theme 質問例：

1　先生の名前をフルネームで言ってください。

2　今、一番したいことは何ですか。

3　今までで一番怖（こわ）かったことは何ですか。

4　今までで一番幸（しあわ）せだったことは何ですか。

5　初恋はいつでしたか。

6　昨日誰に電話をかけて、どんな話をしましたか。

★　できるだけおもしろい質問を考えましょう。

クロスワードパズル解答

1

〈よこのかぎ〉

01 マンション　03 けち　05 デパート　07 あんざん(暗算)　08 テント　10 トイレ　11 ビール

〈たてのかぎ〉

01 まち(町)　02 ショパン　04 か(蚊)　05 デザート　06 とざん(登山)　07 アナログ　08 テレビ　09 とまる(止まる)

2

〈よこのかぎ〉

01 テスト　06 オランダ　07 ブレーキ　09 キャンプ　10 たこ　12 チアガール　14 くち(口)　16 ランク　17 すり

〈たてのかぎ〉

02 ステーキ　03 スランプ　04 アダルト　05 ラブレター　08 キャリア　11 ミルク　12 ちこく(遅刻)　13 ガラス　15 ちか(地下)

3

〈よこのかぎ〉

01 あし(足)　03 さら(皿)　04 キャンセル　06 すし(寿司)　08 プール　09 ボール　10 スケート　13 スマート　14 ペンキ　15 キス　17 せんせい(先生)　18 とけい(時計)　19 フランス

〈たてのかぎ〉

01 あき(秋)　02 シャンプー　03 さる(猿)　05 セールスマン　06 スカート　07 やおや(八百屋)　09 ボート　11 ケーキ　12 パチンコ　13 スペイン　15 きけん(危険)　16 スイス　18 とら(虎)

4

〈よこのかぎ〉

01 チョコレート　05 からす　06 マスク　07 プリント　09 つめ(爪)　11 ゴキブリ　13 かみ(髪)　15 おおさか(大阪)　17 たわし　18 ブーケ

〈たてのかぎ〉

01 ちかどう(地下道)　02 コスプレ　03 トマト　04 くく(九九)　08 りんご　09 つりかわ(吊革)　10 そうおん(騒音)　12 きた(北)　14 ミシン　16 かぶ(株)　17 たけ(竹)

引用資料一覧

12ページ	『郵政研究所月報』(2000.3)
24ページ	「人生で心残りなことランキング」オリコンランキングサイト http://beauty.oricon.co.jp/diet/news/h00014.html
32ページ	「いま、ダイエットしていますか？」お客様生活文化研究所 http://www.asahibeer.co.jp/enjoy/hapiken/maian/bn/200604/00130.html
33ページ	「超簡単！デトックス10秒チェック」http://biyolabo.com/dtx/acv/000185.html
36ページ	「よく100円ショップで買うもの」ネットリサーチ http://www.dims.ne.jp/rankingresearch/1_50/004/005.html
40ページ	「人気の講座トップ30」ユーキャンサイト http://www.u-can.co.jp/special/200707.html
48ページ	「食のプロに聞いた　日本の旬」アンケート　株式会社日清製粉グループ本社 http://www.nisshin.com/company/release/details/010918.html
64ページ	「あなたにとってインターネットとは？」お客様生活文化研究所 http://www.asahibeer.co.jp/enjoy/hapiken/maian/bn/200610/00158.html
68ページ	「環境意識アンケート」中部電力
72ページ	「人気企業ランキング」日経ナビ2008　http://job.nikkei.co.jp/2008/contents/business/ninki/
76ページ	「賞味期限アンケート」http://www.arkworld.co.jp/ukiuki/syukei2.html
80ページ	「結婚後のリアルライフ！」(2006.6)『With』
85ページ	「心理テスト」http://www.lookpage.co.jp/public/tokushu/no001027/enquete38.html
88ページ	「大人になったらなりたいもの」第一生命2006年ミニ作文アンケート
99ページ	「におい大研究」花王　http://www.kao.co.jp/resesh/kenkyu/index.html

저자소개

柳川紘子（やながわ　ひろこ）
（前）東京国際大学付属日本語学校　講師
（前）YBM일본어전문학원 역삼센터 전임강사

長田裕敬（おさだ　ひろゆき）

신개념 일본어 프리토킹

초판발행	2008년　1월 30일
1판 11쇄	2021년 11월 15일
저자	柳川紘子·長田裕敬
책임 편집	조은형, 무라야마 토시오, 박현숙, 김성은, 손영은
펴낸이	엄태상
마케팅	이승욱, 전한나, 왕성석, 노원준, 조인선, 조성민
경영기획	마정인, 조성근, 최성훈, 정다운, 김다미, 오희연
물류	정종진, 윤덕현, 양희은, 신승진
펴낸곳	시사일본어사(시사북스)
주소	서울시 종로구 자하문로 300 시사빌딩
주문 및 교재 문의	1588-1582
팩스	0502-989-9592
홈페이지	www.sisabooks.com
이메일	book_japanese@sisadream.com
등록일자	1977년 12월 24일
등록번호	제300 - 1977 - 31호

ISBN 978-89-402-4000-7 13730

* 이 책의 내용을 사전 허가 없이 전재하거나 복제할 경우 법적인 제재를 받게 됨을 알려드립니다.
* 잘못된 책은 구입하신 서점에서 교환해 드립니다.
* 정가는 표지에 표시되어 있습니다.

New Edition

한국인의 강점을 최대한 이용한 일본어 **요점공식**

일본어 문법책

한국말만 알면 당신도 일본어 박사가 될 수 있다!

- 한국말 일본말 과연 무엇이 같고 무엇이 다를까?
- 우리말과 비교해서 아주 쉽고 자세하게 설명
- 핵심만 콕콕 짚어주는 초고속 일본어 개인지도
- 그냥 술술 읽어가세요. 일본어, 우리말처럼 쉽게 됩니다.

독자여러분의 성원에 힘입어 드디어 **개정판 출시!!**

그냥 술술 읽기만 하면 됩니다.
일본어 처음인 분도 혼자 쉽게 끝낼 수 있습니다.

초보자도 OK!
일본어 문법을 우리말과 비교해서 아주 쉽고 자세하게 설명, 일본어 처음 시작하는 분도 충분합니다.

아주 쉬운 설명!
맨처음 발음, 글자부터 시작 – 일본어에서 꼭 알아둘 문법을 이해하기 쉬운 순서로 착착 정리해 놓았습니다.

문법과 함께 상식도 UP!
문법은 물론 헷갈리기 쉬운 표현이나 알아두면 좋은 내용에는 !? 표시를 하여, 일본어 상식도 넓힐 수 있게 했습니다.

쏙쏙 외워진다!
매 장의 핵심 문법은 보기 편하게 꼼꼼체크로 정리해 두었고 콕콕 실력체크에서 문제를 풀며, 확실하게 이해하도록 했습니다.

한자·가타카나까지!
일본어 학습에서 빼놓을 수 없는 한자 읽기와 가타카나, 다양한 예문과 보기 쉬운 정리로 틈틈이 익힐 수 있습니다.

저자 김사경 | 값 9,800원

※시사일본어사는 시사일본어학원을 직영하고 있습니다.

(주)시사일본어사　교재문의 02)3671-0572　www.japansisa.com　※시사일본어사는 시사일본어학원을 직영하고 있습니다.

초급 문법 정리, 중급 독해 시작

일본어 세컨드 스텝

이키사와 게이코 외 공저
전1권(20과) | 4×6배 | 값 8,000원
유료 MP3 다운로드 www.japansisa.com
독학용 | 4×6배 | CD 2장 포함 | 값 16,000원

초급에서 중급으로 도약하기 위한 필수 관문!!

· 문법, 어휘, 독해를 총정리해서 중급으로 올려주는 교재로
  기초가 약하신 분, 초급을 마치신 분께 필수코스입니다.

· 초급에서 배운, 문법, 단어, 문형을 총정리하고 그것을 바탕으로
  연관 발전시켜 중급독해를 시작합니다.

· 600자 정도의 길이로 된 독해문을 읽으며 공부하므로 빠른 시간에
  본격 독해나 중급회화로 넘어가는 실력을 길러줍니다.

※시사일본어사는 시사일본어학원을 직영하고 있습니다.

상급 학습자를 위한 필수 독해서

일본어 上級점프
Reading

개정신판

- 사용빈도가 적은 어휘·표현의 대체
- 본문 중 오래된 내용 4편 교체
- 聞きましょう를 グラフに慣れましょう로 변경
- 산뜻한 2도 인쇄

개정신판 이렇게 달라졌다!

■ **사용빈도가 적은 어휘·표현의 대체**
「일본어 中級 점프 개정신판」으로 옮긴 것이 약 100단어.
덧붙여 약 380단어를 삭제하고 약 210개 단어를 새롭게 추가했습니다.

■ **본문 중 오래된 내용 4편을 완전히 교체했고,**
그 외의 과도 전반적으로 혹은 부분적으로 바꾸었습니다.

■ **聞きましょう를 グラフに慣れましょう로 변경.**
구판의 聞きましょう 의 목표였기도 한 그래프·도표를
읽는 연습을 한층 명확히 하고, 전문학교, 대학 등에서
요구되는 자료의 파악, 분석, 더 나아가 프리젠테이션을
할 수 있는 능력을 기를 수 있도록 했습니다.

아베 유코 外 공저
전1권(15과)/4×6배/11,000원
교재+CD 2장 포함/15,000원

일본어中級점프
Listening

마츠다 히로시 外 공저
전1권(25과)/4×6배/11,000원
교재+CD 4장 포함/17,000원

- 「청해Ⅰ」은 회화에서 사용된 표현을 소개했고,
  「청해Ⅱ」에서는 약간 긴 내용을 천천히 듣는 연습을
  할 수 있도록 구성했습니다.
- 「청해Ⅰ」은 회화표현을 익히는 것을 목표로 하고,
  「청해Ⅱ」는 노트테이킹, 정리 연습을 통해서
  「일본어上級점프」로 가도록 도와줍니다.

일본어中級점프
Reading

마츠다 히로시 外 공저
전1권(25과)/4×6배/11,000원
교재+CD 2장 포함/15,000원

- 텍스트북과 워크북의 기능을 동시에 담고 있어서
  독해력, 청취력, 표현력을 착실하게 쌓아갈 수 있습니다.
- 한자, 단어 및 속독 능력이 향상되고
  대화나 받아쓰기가 가능해지며,
  패턴식 작문 등 표현력도 놀라울 정도로 발전합니다.
- 개정판에서는 단어를 300개 정도 추가하고
  시대에 맞지 않는 내용은 최신 정보로 모두 수정했습니다.

㈜시사일본어사   교재문의 02)745-1582   www.japansisa.com   전국 유명서점에서 **절찬리 판매중!**